les Recettes de Maeva Shelton

Recettes Alternatives Bien-être

PETIT CAHIER N°7

Sommaire

Introduction   p.04 & 05

- Agneau ou poulet ou tofu aux légumes   p.23
- Burger vegan à la betterave   p.51
- Boulettes végétariennes aux lentilles   p.51
- "Boursin" végétal aux fines herbes   p.09
- Canapés d'igname à la tapenade   p.07
- Carpaccio de "calamars"   p.11
- Caviar de betterave   p.13
- Chou-fleur ou poulet *tikka masala*   p.27
- Chou chinois sauté à l'ail et au gingembre   p.41
- Chou sauté aux champignons   p.41
- *Crackers* aux graines (sans gluten)   p.11
- Fromage végétal genre Mozzarella   p.53
- "Hachis Parmentier" revisité   p.49
- Houmous aux lentilles corail   p.17
- Légumes multicolores au four avec poulet ou poisson ou tofu   p.33
- Lentilles craquantes aux légumes verts   p.33
- Lentilles à la coréenne   p.35
- Les haricots longs   p.23
- Millefeuille de légumes au poulet   p.37
- Muffins ou cake aux légumes   p.15
- "Nouilles" de courgettes au poulet ou au thon ou au tofu   p.43
- "Nouilles" de potiron au tofu   p.39
- "Nouilles" de potiron (variante)   p.43
- "Omelette" farcie (sans œuf)   p.45
- "Œufs" brouillés (sans œuf)   p.45
- Pain à la farine de riz et de sarrasin   p.13
- Pain au quinoa   p.17
- Pain brioché au coco (sans gluten)   p.19
- Pâte à crêpes salée sans gluten ni œuf   p.55
- Pizza : pâte à l'igname ou à la patate douce   p.57
- Pizza : pâte au chou-fleur et au fromage végétal   p.57
- Pâtes avec sauce au potiron   p.47
- Pâtes à la crème de légumes   p.47
- Pesto à la betterave   p.35
- Pilaf de chou-fleur arc-en-ciel   p.25
- Pois chiches aux oignons caramélisés   p.29
- Pois chiches rôtis croustillants   p.29
- Potée de potiron et de pois chiches à l'indienne   p.27
- Quiche aux légumes (sans gluten, ni œuf, ni lait)   p.39
- Quinoa à la mexicaine   p.55
- Ragoût de poulet et de patate douce au curry   p.31
- Riz complet aux lentilles   p.31
- Salade composée   p.49
- Salade de chou avec vinaigrette à l'asiatique   p.53
- Sauce *barbecue* maison   p.37
- Taboulé de chou-fleur   p.25
- Terrine de légumes   p.19
- Tofu à la farine de pois chiches   p.09
- Tofu craquant au quinoa façon *nuggets*   p.37
- Trempette pour apéritif   p.07
- Trio potiron-épinards-patate douce, sauce chou-fleur + lait de coco vanillé   p.21
- Vinaigrette aux graines de papaye   p.53
- *Brownies* à la patate douce (sans œuf ni gluten)   p.59
- Cake ou muffins à la banane et au coco   p.69
- Carrés pâtissiers au potiron (sans gluten, ni œuf ni produits laitiers)   p.65
- Icebergs en vue ou îles flottantes (sans œuf ni produits laitiers)   p.67
- Pain d'épice à la patate douce   p.67
- Pâte à crêpes sucrée au lait de coco   p.63
- Pavlova aux fruits tropicaux (sans œuf ni produits laitiers)   p.63
- Tarte au citron meringuée (sans gluten, sans œuf, sans produits laitiers)   p.61

Introduction

Aujourd'hui, de plus en plus de personnes sont intolérantes voire allergiques à certaines substances contenues dans les aliments : produits laitiers, gluten, œufs*... Les industries alimentaires ne sont pas regardantes sur la qualité des ingrédients qu'elles utilisent car seule leur rentabilité compte et à leurs yeux, la santé publique importe peu. Ainsi, vous n'êtes peut-être pas au courant que dans certains plats industriels soi-disant au fromage (notamment les pizzas) il n'y a aucune trace de vrai fromage. C'est un composé chimique avec l'aspect et le goût du fromage qui est désormais utilisé.

Le pain, fabriqué avec des farines de moindre qualité et dont les grains de blé ont été modifiés génétiquement, contient un taux de gluten très élevé (près de 70 %) alors qu'il y a une soixantaine d'années il en contenait moins de 30 %.

Les vaches sont piquées aux hormones de croissance, aux antibiotiques (qui se retrouvent tous dans notre corps après ingestion) et nourries avec des aliments qui ne sont pas adéquats. Il en est de même pour les poules de batterie.

C'est pour toutes ces raisons que je vous encourage à mettre votre tablier et à vous essayer au fourneau, comme un jeu. Amusez-vous à faire différentes combinaisons alimentaires, tel un chimiste, mais avec des ingrédients naturels, sains, biologiques et cultivés dans la mesure du possible là où vous vivez. Cela vous apportera beaucoup de bien-être et de satisfaction aussi bien du point de vue santé que fierté : "c'est moi qui l'ai fait "! Et vous verrez que cela n'est pas si compliqué que ça ! Au moins vous saurez ce que vous mangez : moins de sel, de sucre, de graisse, pas de colorants ni d'additifs ni de conservateurs... tant de produits si nuisibles à notre organisme et qui détériorent notre santé.

Dans ce petit cahier, vous trouverez par exemple des recettes de "fromage" végétal élaboré à base de produits tout-à-fait naturels. Vous pourrez déguster (enfin pour certains) une tarte au citron meringuée sans œuf, sans gluten ni produits laitiers, même si vous ne disposez pas de four car il y a une recette avec pâte sans cuisson !

Des études ont été réalisées au Japon avec des enfants présentant certaines allergies et à qui on ne pouvait donc pas donner les mêmes aliments qu'aux autres enfants. Cela provoquait bien sûr des frustrations chez les premiers mais à partir du moment où on leur servait une assiette dont le visuel est similaire à celui de leurs petits camarades, ils étaient heureux comme tout ! C'est donc ce que je vous propose ici. Parfois le goût n'est pas tout-à-fait au rendez-vous, comme par exemple dans l'"omelette" sans œuf qui n'est en fait qu'une sorte de crêpe végétalienne, mais par contre le visuel est présent. D'autres plats élaborés avec des ingrédients végétariens évoquent la viande hachée : hachis Parmentier, burger, boulettes... Un autre plat qui a bluffé tout le monde, c'est la tarte au citron meringuée sans gluten, sans œuf ni produits laitiers.

Vous découvrirez la recette d'une meringue sans œuf dont le goût est vraiment, à s'y tromper, identique à celui d'une meringue faite avec des blancs d'œufs.

* Pour de plus amples informations sur le gluten, le pain, les allergies, les produits laitiers et beaucoup d'autres thèmes, vous pouvez consulter mon livre "Ma santé avant tout", disponible en librairie à Tahiti ou sur Internet (Amazon.fr).

Je vous souhaite un très bon appétit et surtout la joie de déguster vos plats préférés avec délice et sans culpabilité.

Je tiens à remercier les personnes suivantes :
- Carole Tinel pour sa magnifique mise en page,
- Sophie Luciano née Brès, une amie d'enfance que j'ai retrouvée après plusieurs années, pour sa rapide et minutieuse relecture et ses précieuses suggestions, ainsi que pour son texte de présentation au dos de couverture.

Tarte au citron meringuée sans œuf, sans gluten ni produits laitiers

Canapés d'igname
à la tapenade

Trempette pour apéritif

Canapés d'igname à la tapenade

6 personnes

- 1 petite igname violette (pour la couleur) allongée de préférence
- 200 g d'olives (noires ou vertes) dénoyautées (sans sel ajouté) hachées
- 5 filets d'anchois hachés (ou plus si vous désirez un goût plus corsé)
- 2 cuillérées à soupe de câpres hachées
- 2 gousses d'ail hachées ; 1 filet de jus de citron ; poivre au goût
- quelques feuilles de basilic ou d'estragon hachées (selon votre goût)
- 2 cuillérées à soupe d'huile d'olive
- 2 cuillérées à soupe rases de poudre d'amande (pour adoucir)

Épluchez l'igname ; faites-la cuire en gros morceaux à la vapeur de préférence jusqu'à ce qu'elle soit molle. Laissez refroidir ; coupez en rondelles d'environ 1/2 cm d'épaisseur.

Vous pouvez écraser les autres ingrédients dans un mortier afin d'obtenir une pâte fine (ajoutez l'huile après) ou bien tout hacher finement ou encore passer au mixeur. Étalez ensuite le mélange sur les rondelles d'igname.

Note : *à la place de l'igname, vous pouvez utiliser du concombre ou de la courgette.*

Trempette pour apéritif

1 bol

Vous pouvez faire cette recette avec de la pomme de terre et des carottes ou du potiron ou bien avec que de la patate douce pour un goût sucré.

- 2 à 3 patates douces ou pommes de terre, ce qui donne environ 1 tasse une fois cuites
- 100 g de potiron ou 2 petites carottes (environ 1/2 tasse une fois cuits)
- 1/4 de tasse soit 60 ml d'eau de cuisson
- 1/4 de tasse soit 60 ml d'huile d'olive vierge
- 2 cuillérés à soupe de levure maltée
- 1/2 cuillérée à café de sel + poivre au goût
- 1/2 cuillérée à café d'oignon en poudre + 1/2 d'ail en poudre
- 1 cuillérée à soupe de jus de citron

Frottez les patates douces (ou les pommes de terre) ; lavez le morceau de potiron (ou les carottes). Faites-les cuire ensemble de préférence à la vapeur puis épluchez-les ; coupez-les en dés. Mettez tous les ingrédients dans le bol du mixeur. Si vous trouvez le mélange trop épais, versez quelques cuillérées d'eau de cuisson. Ajoutez du sel, du poivre et des épices (cumin, garam masala...) à votre convenance, ainsi que de la poudre de piment si vous le désirez. Saupoudrez de graines de sésame noir pour la couleur si vous en avez sous la main (facultatif).

Servez avec des biscuits apéritifs, des crackers aux graines faits maison (recette p. 11), des chips nourrissantes (on en trouve maintenant avec plusieurs farines et en plus Bio, sans colorants ni conservateurs) et des légumes crus variés dont la patate chinoise.

Note : *vous pouvez également vous en servir pour accompagner des légumes cuits chauds ou des pâtes.*

"Boursin" végétal aux fines herbes

Tofu à la farine de pois chiches
+ crackers aux graines

"Boursin" végétal aux fines herbes `1 bol moyen`

Nous allons l'élaborer avec de la crème de coco. Pour ce faire, versez 2 tasses de lait de coco frais (soit 500 ml) ou bien 1 boîte de lait de coco de 400 ml ou encore 2 briques de crème de coco cuisine dans un saladier transparent afin de voir l'épaisseur de crème qui se formera. Mettez au réfrigérateur au moins 1 nuit afin que le liquide se solidifie. Vous apercevrez une séparation entre la crème et l'eau (transparente). Faites une percée dans la crème durcie puis évacuez toute l'eau qui est au fond. Si le tout est solide et blanc, c'est que la crème ne contient plus d'eau. Vous pourrez alors ajouter :

- de l'ail moulu (2 gousses ou selon votre goût)
- quelques brins de ciboulette finement coupés ainsi que du persil
- quelques feuilles de basilic et/ou d'estragon finement hachées
- 1 cuillérée à soupe de jus de citron
- sel, poivre au goût

Mélangez le tout avec une cuillère ; le mélange prendra l'aspect d'un fromage frais aux herbes. Rectifiez l'assaisonnement selon vos préférences. Maintenez au frais jusqu'à dégustation avec des biscuits apéritifs, des crackers de graines faits maison (recette p.11), des légumes coupés en bâtonnets (carottes, concombres, céleri, courgettes, patates chinoises...) ou encore sur des rondelles d'igname comme dans la recette de la page précédente, tout en tenant compte que la crème de coco fond au bout d'un moment. Vous pouvez toujours maintenir votre bol sur un lit de glaçons déposés au fond d'un grand saladier.

Tofu à la farine de pois chiches `4 portions`

Aux personnes à qui le soja est déconseillé, voici une alternative à base de farine de pois chiches pour remplacer le tofu.

- 1 tasse soit 130 g de farine de pois chiches
- 1/4 de cuillérée à café de sel (ou + si vous le désirez)
- 1/4 de cuillérée à café d'ail en semoule (facultatif)
- 1/4 de cuillérée à café de curcuma en poudre (pour la couleur)
- 1/4 de cuillérée à café de cumin ou de garam masala (facultatifs)
- 1 tasse 3/4 d'eau soit 400 ml

Huilez puis tapissez le fond d'un moule carré d'environ 15 cm x 15 cm avec du papier cuisson.
Dans une casserole moyenne, mettez tous les ingrédients et mélangez bien au fouet jusqu'à ce qu'il n'y ait plus de grumeaux. Faites cuire à chaleur moyenne sans cesser de remuer jusqu'à ce que la consistance soit épaisse et lisse. Continuez encore 2 à 3 mn afin que la farine soit bien cuite. Rectifiez l'assaisonnement, versez dans le moule, lissez bien le dessus, laissez refroidir puis mettez au réfrigérateur au moins 1 heure pour pouvoir découper votre tofu comme vous le désirez : en lamelles ou en dés apéritifs (photo page suivante).

Note : vous pouvez utiliser du bouillon de légumes à la place de l'eau ou bien du lait d'amande non sucré, ou de chanvre, ou de coco, etc.

Carpaccio de «calamars»

Carpaccio de "calamars"

2 personnes

Si vous aimez les calamars, vous pouvez réaliser ce plat avec des calamars cuits coupés en rondelles, frais ou congelés. Mais si vous êtes végétarien, il existe une version à s'y méprendre faite avec de la chair de coco tendre. Lorsque vous avez bu un coco vert, coupez-le en 2, et selon le degré de maturation, la chair qui se trouve à l'intérieur (appelée *nīā* en tahitien) peut fluctuer du plus tendre au plus dur. Ce sera la chair ni trop jeune, ni trop coriace qui sera choisie pour réussir votre carpaccio.
Il vous faudra donc :
- 1 coco à boire avec la chair mi-tendre (*omoto*) coupée en lamelles
- 1 morceau de gingembre frais râpé finement
- 1 poignée d'algues fraîches et/ou de la coriandre ciselée
- 1 filet de *tamari* (sauce de soja à l'ancienne)

Disposez les lamelles de coco sur 2 assiettes. Garnissez avec les algues et/ou la coriandre et le gingembre. Faites couler un filet de *tamari* sur le tout, dégustez. Vous pouvez ajouter de la tomate, des câpres, etc.

D'après la recette de Brigitte Cave

Crackers aux graines (sans gluten)

25 à 40 selon la taille

- 1/2 tasse soit 70 g de graines de lin (brun ou doré) entières
- 1/2 tasse soit 70 g de graines de lin (brun ou doré) broyées
- 1/2 tasse soit 60 g de graines de sésame (blanc ou noir)
- 1/2 tasse soit 80 g de graines de tournesol
- 1 cuillérée à café d'ail en semoule + 1 d'oignon
- 1/4 de cuillérée à café de sel + 1/2 de cumin (facultatif)
- 1 tasse 1/4 soit 300 ml d'eau

Dans le bol du mixeur bien sec, après avoir pulvérisé la moitié des graines de lin, mettez-les dans un saladier ; à présent, concassez grossièrement les graines de tournesol, ajoutez-les aux graines de lin broyées avec celles qui sont entières ainsi que les graines de sésame, le sel, l'ail, l'oignon et le cumin si vous désirez. Versez l'eau, mélangez bien le tout ; laissez reposer 1 h afin que celle-ci soit totalement absorbée. Préchauffez le four à température moyenne.

Selon la largeur de votre four, prenez 1 ou 2 plaques que vous recouvrirez de papier cuisson. Étalez le mélange sur le papier bien uniformément en 1 couche très fine (2 mm) à l'aide d'une marise (spatule). Enfournez pendant 30 mn puis éteignez le four tout en laissant la plaque à l'intérieur pendant 1 h. Retirez du four, laissez refroidir complètement. Si vous disposez d'une roue pour couper les pizzas, utilisez-la sinon cassez simplement des morceaux que vous conserverez quelques jours dans une boîte hermétique. Vous pourrez les réchauffer au four 30 mn avant de les consommer afin qu'ils soient bien craquants.

Note : *Les graines de lin facilitent le transit intestinal.*
Les graines de sésame noir sont riches en calcium et en vitamine E.
Les graines de tournesol sont riches en antioxydants (vitamine E) et phosphore.

Pain à la farine de riz et de sarrasin

Caviar de betterave

Pain à la farine de riz et de sarrasin (sans gluten)

1 moule à cake

- 350 g de farine de riz (complet ou semi-complet) soit 2 et 1/2 tasses
- 150 g de farine de sarrasin soit 1 tasse
- 2 cuillérées à café de gomme de guar*
- 2 cuillérées à soupe d'huile d'olive vierge ou de tournesol
- 1 cuillérée à soupe de sucre roux + 1/2 de sel (ou plus si vous désirez)
- 11 g de levure de boulanger sèche soit 3/4 de cuillérée à soupe

Diluez la levure de boulanger dans 500 ml (soit 2 tasses) d'eau tiède.
Préchauffez le four à température moyenne-haute 10 mn avant d'enfourner.
Dans un saladier, mélangez les farines, la gomme de guar, le sucre et le sel. Incorporez l'eau avec la levure + l'huile. Remuez le tout puis versez la pâte dans un moule huilé et fariné. Couvrez d'un torchon légèrement humide ; laissez reposer dans un endroit chaud et sec pendant 1 h. La pâte va doubler de volume.
Déposez 1 petit bol (matière réfractaire) d'eau bouillante dans le four pendant la cuisson pour conserver l'humidité et favoriser l'élasticité du pain.
Mettez la pâte au four pendant 40 à 45 mn. Le pain doit être bien gonflé et assez doré. Sortez-le du four, démoulez délicatement puis replacez-le dans le four éteint encore 20 mn pour que l'intérieur finisse de cuire. Ensuite, sortez-le et laissez-le refroidir sur une grille ou un torchon.
Attendez quelques heures voire le lendemain pour couper des tranches.

C'est une poudre extraite d'une légumineuse qui a la particularité de donner de l'élasticité à la pâte à pain et permet de la faire lever. En vente en magasin Bio.

Note : *vous pouvez ajouter des graines de : pavot, tournesol, sésame... ainsi que des aromates : herbes de Provence, oignon ou ail en semoule, cumin en graines, etc.*
Le sarrasin est riche en protéines qui contiennent des acides aminés essentiels, et il est une bonne source de magnésium, de vitamine B6, de potassium, de fer, de cuivre et de zinc... Il est aussi digeste, nourrissant et reconstituant, tout en étant peu calorique...

Caviar de betterave

1 bol

- 4 betteraves moyennes cuites coupées en dés
- 2 cuillérées à soupe de purée de sésame (*tahini* - vendue en bocal)
- 4 cuillérées à soupe d'huile de sésame vierge ou d'olive vierge
- 2 cuillérées à soupe de jus de citron
- 2 ou 3 gousses d'ail pressées (facultatif) ; sel, poivre au goût
- herbe aromatique au choix : aneth, ciboulette, coriandre, basilic, estragon...

Versez d'abord l'huile, le jus de citron, l'ail et la purée de sésame dans le bol du mixeur avec un peu de betterave. Faites tourner 1 mn puis ajoutez le reste de la betterave petit à petit. Salez, poivrez à votre convenance. Transvasez dans un bol et ajoutez l'herbe choisie ciselée. Dégustez en apéritif avec des bâtons de légumes, des crackers de graines faits maison (recette p. 11) ou bien pour accompagner du *taro* cuit, de l'igname, du manioc, des pâtes, ou encore en guise de mayonnaise dans une salade de pomme de terre.

Ingrédients pour cake aux légumes

Muffins ou cake aux légumes (sans gluten ni œuf)

24 petits muffins + 1 cake

Voici une façon de faire manger des légumes aux enfants. Ces petits muffins ou bouchées sont un excellent apéritif et le cake peut se manger avec une salade, du guacamole, un houmous aux lentilles (recette p. 17), etc. Pour ce faire, utilisez des légumes de votre choix : carottes, navets, haricots verts ou haricots longs, courgettes, poivrons, tomates, céleri, champignons... en tout 3 tasses.

Vous pouvez également choisir les épices et herbes aromatiques que vous désirez : cumin, basilic, poivre, thym, gingembre, curcuma... fraîches ou séchées et ajouter d'autres ingrédients comme des olives, des champignons, des lamelles de magret de canard séché (en guise de lardons), etc.

Pour la pâte, il vous faudra :

- 1 tasse soit 130 g de polenta fine
- 1 tasse soit 130 g de farine de pois chiches ou de *uru* (fruit de l'arbre à pain) ou de riz complet, ou bien de blé ou de petit épeautre si vous tolérez le gluten
- 1 et 1/2 tasse soit 750 ml de lait végétal (soja, amande, coco...) non sucré
- 2 cuillérées à soupe de vinaigre de cidre
- 2 cuillérées à soupe de graines de lin finement moulues ou pulvérisées au mixeur (c'est ce qui remplace les œufs)
- 2 cuillérées à café de levure pour gâteaux
- 1/2 cuillérée à café de bicarbonate de soude
- 1/2 tasse d'huile d'olive vierge ou de sésame vierge

Préchauffez le four à température moyenne.
Dans un grand saladier, versez le lait avec le vinaigre ; laissez de côté.
D'autre part, dans un petit bol, versez 6 cuillérées à soupe d'eau sur les graines de lin et laissez gonfler pendant que vous mesurez la polenta et la farine, à mélanger avec la levure et le bicarbonate.

Après avoir coupé tous les légumes en petits dés, faites-les revenir dans la moitié de l'huile avec les herbes + épices choisies + 1 cuillérée à café de sel + poivre au goût.
Revenons au grand saladier avec le lait + le vinaigre ; versez-y le reste de l'huile ainsi que le contenu du petit bol avec les graines de lin devenues gélatineuses ; mélangez bien. Incorporez la polenta et la farine, mélangez à nouveau, puis les légumes cuits mais pas trop.
Versez dans les moules beurrés (sans trop les remplir) puis enfournez les petits muffins une quinzaine de mn ; s'ils sont plus gros, un peu plus et le cake une quarantaine de mn ou jusqu'à ce que la pointe d'un couteau enfoncée dans le milieu ressorte sèche.
Pour les muffins, laissez reposer 5 mn avant de les démouler. Quant au cake, vous pouvez le démouler tout de suite en le retournant sur une grille puis encore sur le plat de service. Attendez qu'il soit tiède pour le découper.

Pain au quinoa et à côté :
houmous aux lentilles corail

Muffins et cake aux légumes

Pain au quinoa (sans gluten)

1 moule à cake

Voici un pain très nourrissant, contrairement aux pains sans gluten élaborés avec des farines à base de fécules (maïs, pomme de terre) qui n'apportent pas de protéines à l'organisme. J'espère que vous aimez le quinoa !

- 300 g (soit 1 tasse 3/4) de quinoa cru (blanc, rouge ou mélangés)
- 60 g (soit 1/4 de tasse) de graines de chia + 1/2 tasse d'eau
- 60 ml (soit 1/4 de tasse) d'huile d'olive vierge ou de coco vierge
- 1/2 cuillérée à café de bicarbonate de soude + 1/2 de sel
- 1 cuillérée à soupe de jus de citron

La veille : rincez le quinoa à travers une passoire fine ; mettez-le dans un saladier puis recouvrez de beaucoup d'eau ; laissez tremper jusqu'au lendemain.
Faites tremper les graines de chia dans 1/2 tasse d'eau. Elles se gélatiniseront.
Le lendemain, préchauffez le four à température moyenne-douce ; jetez l'eau du quinoa, versez-y 1 et ½ tasse d'eau propre puis mixez au robot avec les graines de chia gélatinisées, l'huile, le bicarbonate, le sel et le jus de citron. Faites tourner la machine pendant 3 mn ; la pâte est semblable à celle d'un gâteau, avec quelques graines de quinoa encore intactes.
Huilez un moule à cake puis recouvrez tout l'intérieur avec du papier cuisson pour faciliter le démoulage. Ce pain ne monte pas. Cela prend 1 et ½ heure pour que les graines de quinoa soient bien cuites à l'intérieur. Sortez alors du four ; laissez reposer 30 mn puis sortez-le du moule et posez sur une grille pour qu'il refroidisse complètement. Le lendemain, vous pourrez couper de belles tranches savoureuses. Personnellement, je l'apprécie avec de l'houmous.

Houmous aux lentilles corail

1 bol

- 1 tasse de lentilles corail
- 1 à 2 gousses d'ail hachées grossièrement
- le jus d'1 citron
- 1/2 cuillérée à café de sel ; poivre au goût
- 1/2 cuillérée à café de cumin en poudre
- 4 cuillérées à soupe d'huile d'olive vierge
- 2 cuillérées à soupe de *tahini* (purée de sésame - vendue en bocal)
- la chair d'1 petit avocat (facultatif)
- quelques feuilles de coriandre ciselées
- un peu de paprika pour saupoudrer sur le dessus (facultatif)

Faites cuire les lentilles dans 2 tasses d'eau ; dès ébullition, réduisez la chaleur, couvrez. Laisser mijoter à tout petit feu pendant une quinzaine de mn ; laissez refroidir puis mixez avec le reste des ingrédients. Si le mélange est trop sec, vous pouvez rajouter un peu d'eau. Rectifiez l'assaisonnement.
Dégustez sur du pain ou avec des légumes en apéritif ou encore avec une bonne salade composée.

Pain brioché au coco

Terrine de légumes

Pain brioché au coco (sans gluten)

1 petit moule à cake de 10x17x5cm

- 150 g de poudre d'amande soit 1 et ¾ tasse
- 35 g (soil 4 cuillérées à soupe) de graines de lin moulues
- 4 cuillérées à soupe de coco râpé
- 1 cuillérée à café de levure pour gâteaux + 1/2 de bicarbonate de soude
- 3 œufs battus légèrement
- 1/2 tasse soit 125 ml de crème de coco
- 1 cuillérée à soupe de sucre roux ou de sirop d'agave + 1 pincée de sel
- 1 cuillérée à soupe de vinaigre de cidre

Préchauffez le four à température moyenne-haute.
Dans un saladier, mélangez les ingrédients secs : poudre d'amande, coco râpé, graines de lin, bicarbonate, levure et sel.
Dans un autre saladier, fouettez les œufs, le sucre (ou le sirop), le lait de coco et le vinaigre puis versez dans l'autre saladier. Mélangez bien le tout.
Huilez un moule à cake puis recouvrez tout l'intérieur avec du papier cuisson pour faciliter le démoulage. Faites cuire une trentaine de mn ; testez la cuisson en insérant la pointe d'un couteau qui doit ressortir sèche. Ce pain ne monte pas. Mettez à refroidir sur une grille avant de le découper. Il est assez friable mais quel délice ! Je le déguste avec de la purée d'amande et de la "confiture" sans sucre ajouté.

Terrine de légumes

8 personnes

- 150 g ou 1 tasse de farine de pois chiches ou de *uru* (fruit de l'arbre à pain)
- 500 ml soit 2 tasses d'eau
- 1 tasse de potiron coupé en petits dés ou de carottes (2 ou 3 petites)
- 1 ou 2 poivrons coupés en petits carrés
- 1 courgette coupée en petits dés
- 1 tasse soit 100 g de champignons coupés grossièrement
- 2 à 3 échalotes émincées + 2 gousses d'ail hachées
- herbes aromatiques : thym, basilic, romarin...
- 1 cuillérée à soupe de gingembre râpé finement
- 1 cuillérée à café rase de poudre de curcuma + 1 de sel + 1/4 de poivre
- 4 cuillérées à soupe d'huile d'olive vierge

Faites revenir dans l'huile les échalotes avec le gingembre, le potiron puis les poivrons, la courgette, les champignons et l'ail avec les herbes aromatiques pendant une quinzaine de mn en remuant de temps en temps.
Dans une casserole, diluez la farine dans l'eau avec le curcuma, le sel et le poivre. Portez à ébullition puis réduisez la chaleur sans cesser de remuer jusqu'à ce que le mélange épaississe. Éteignez ; incorporez les légumes. Versez le tout dans un moule à cake beurré puis enfournez à température moyenne pendant 1 h. Servez chaud ou froid avec une salade composée.

Trio de potiron -épinards-patate douce, sauce au lait de coco vanillé

Différentes variétés de patate douce

Trio de potiron-épinards-patate douce, sauce au chou-fleur et au lait de coco vanillé

4 personnes

- 400 g de potiron cru coupé en lamelles d'environ 3 mm
- 400 g de patate douce crue (peu importe la couleur)
- 400 g d'épinards congelés (à décongeler) ou frais hachés

Pour la sauce :

- 1/2 chou-fleur (de la couleur que vous voulez) coupé en bouquets
- 1 à 2 tasses soit 250 à 500 ml de lait de coco
- 1/2 gousse de vanille (seulement l'intérieur gratté)

Frottez bien la peau des patates douces ; si elle n'est pas trop épaisse, vous pouvez la garder, idem pour le potiron. Coupez les patates douces en tranches d'environ 3 mm.
Dans un plat à four, vous pouvez former une seule couche épaisse de potiron, de patate et d'épinards ou bien des couches plus minces en les répétant. Couvrez le tout de papier cuisson (vous pouvez doubler d'une feuille d'aluminium en dehors) afin que le tout cuise à l'étouffée à température moyenne pendant 1 h ou jusqu'à ce que le potiron et les patates soient tendres.
Pour la sauce, faites cuire le chou-fleur de préférence à la vapeur sinon à l'eau. Dès qu'il est tendre, mettez-le dans le bol du mixeur avec du lait de coco (vous pouvez toujours en rajouter) et les graines de vanille ; faites tourner à fond pour obtenir une sauce onctueuse. Servez à part. Chacun se servira.

Note : *Personnellement, je n'éprouve pas la nécessité d'ajouter du sel ou autre condiment mais vous pouvez saler et poivrer entre les couches de légumes, ajouter de l'ail, de l'oignon, etc. À la place du lait de coco, vous pouvez utiliser du lait ou de la crème de soja ou de riz ou d'amande et remplacer la vanille par du roquefort à votre convenance.*
Quelle que soit la sauce choisie, vous pourrez la servir sur des pâtes ou des "nouilles de légumes": courgettes, carottes, potirons, patates douces... ou encore pour des lasagnes élaborées avec des pâtes ou avec des légumes (aubergines, courgettes, poivrons, etc.).

Note: *La patate douce est naturellement sucrée ET améliore la régulation de la glycémie. Si vous essayez de réduire votre consommation de sucre, le goût sucré de la patate douce pourrait vous faire croire à tort que c'est mauvais pour votre pancréas ; cependant, les patates douces améliorent la glycémie chez les personnes atteintes de diabète de type 2, quel que soit leur indice glycémique (IG) apparemment élevé.*
La patate douce est riche en vitamines A et C (ce qui la rend parfaite pour votre système immunitaire), ainsi qu'en manganèse, cuivre, phosphore, potassium, et fibres qui contribuent tous à maintenir votre sang, votre digestion et tout le corps en bonne santé. Elle contient également de la vitamine B6, B1, B2, B3 et des propriétés anti-inflammatoires ; cela est bénéfique au cerveau et aux nerfs.

Stade 4

Stade 3

Stade 2

Stade 1

Haricots longs

Agneau aux légumes

Les haricots longs

Ce sont des plantes grimpantes qui ont besoin d'espace pour se développer. Les haricots peuvent mesurer plus de 40 cm de long ; Il y en a de couleur verte et de couleur violette. En général, plus un aliment est coloré, plus il est riche en flavonoïdes (antioxydants très puissants). Les bienfaits des flavonoïdes sur la santé semblent être liés à leur capacité à réguler la signalisation cellulaire. Ils ont montré des activités anti-inflammatoires, antithrombogènes, antidiabétiques, anticancéreuses et neuroprotectrices.

Stade 1 : lorsqu'ils sont très jeunes, on peut les incorporer crus dans des salades.

Stade 2 : avant que les graines soient visibles dans la gousse, on peut les faire sauter dans de l'huile avec de l'ail ou du gingembre (et des tomates) avec de la sauce de soja (ou du *tamari*) ou les incorporer dans différents plats en guise de haricots verts.

Stade 3 : on voit bien les graines qui sont à l'intérieur ; les gousses sont d'une couleur plus pâle ; à ce stade, les haricots sont devenus coriaces et on ne mange plus l'extérieur mais l'intérieur. Les graines sont brillantes et encore très tendres ; on peut les faire mijoter avec une bonne sauce tomate faite maison pour accompagner un plat.

Stade 4 : les gousses sont complètement sèches, les graines sont devenues ternes et ont rapetissé. Ils sont alors considérés comme des haricots secs. Vous pouvez les utiliser dans tous les plats qui demandent des haricots secs (noirs, *azukis*, rouges...) et il faudra les faire tremper avant de les faire cuire.

Les haricots secs avec du riz forment des protéines complètes.

Agneau ou poulet ou tofu aux légumes

4 personnes

- 400 g de filets d'agneau (ou 400 g de blancs de poulet ou du tofu) coupés en gros dés
- 1 dizaine de haricots longs coupés en bâtonnets de 3 cm
- 1 navet moyen coupé en dés
- 1 grosse carotte coupée en dés
- 1 petit oignon émincé + 2 gousses d'ail
- 1/4 de chou blanc coupé grossièrement
- 4 cuillérées à soupe de sauce de soja ou de *tamari*
- 1/2 tasse soit 125 ml de coulis de tomates (facultatif)

Dans l'huile, faites revenir l'oignon avec la carotte et le navet jusqu'à ce qu'ils soient presque tendres ; ajoutez les haricots longs puis au bout de 2 mn, l'agneau (ou le poulet), l'ail, la sauce de soja et le coulis de tomates. Remuez bien le tout ; laissez à peine cuire. Servez avec du quinoa ou du riz (complet de préférence).

Note : En fait, c'est un plat typique de Polynésie mais qui est réalisé avec du porc.
À la place, vous pouvez utiliser des côtelettes ou du collier d'agneau mais il faudra laisser mijoter dans le coulis de tomate avec un peu d'eau jusqu'à ce que la viande soit tendre.

Taboulé de chou-fleur

Pilaf de chou-fleur
arc-en-ciel

Taboulé de chou-fleur

4 personnes

Au lieu de réaliser un taboulé avec de la semoule ou du quinoa, c'est du chou-fleur qui est utilisé.

- 1 chou-fleur râpé (de la couleur que vous désirez)
- 100 g de jeunes pousses d'épinards hachées grossièrement ou de chou *kale*
- 1 poignée de tomates séchées ou 2 tomates fraîches coupées en petits dés
- 1 poignée de persil plat haché + 1 poignée de basilic haché et/ou de menthe
- 1 poignée de pignons de pin ou de graines de courge ou de tournesol

Mélangez le tout et servez avec la vinaigrette suivante :

- 4 cuillérées à soupe de jus de citron
- 2 cuillérées à soupe d'huile de sésame toasté ou d'olive vierge
- 2 cuillérées à soupe de *tahini* (purée de sésame - vendue en bocal)
- 1 cuillérée à soupe de gingembre râpé (ou d'ail pressé)
- 1/2 cuillérée à café de sel ; poivre au goût

Pilaf de chou-fleur arc-en-ciel

4 personnes

- 1 chou-fleur râpé de couleur violette de préférence, sinon peu importe
- 1 petit oignon rouge de préférence, haché
- 2 carottes ou 1 morceau de potiron (200 g) coupés en petits dés
- 1 poivron rouge ou jaune (ou autre couleur) coupé en dés
- 2 poignées de petits pois (frais ou surgelés) ou des haricots (verts ou longs coupés en tronçons d'1cm) ou du brocoli haché grossièrement
- 2 cuillérées à soupe de gingembre râpé ou haché
- 2 ou 3 oignons verts coupés finement pour la décoration
- 1/2 cuillérée à café de sel ; poivre au goût
- 1 poignée de graines de courge ou de pistaches hachées ou bien quelques crevettes (400 g) décortiquées ou encore du blanc de poulet (400 g) ou du tofu
- 4 cuillérées à soupe d'huile d'olive vierge ou de sésame vierge ou de coco vierge

Dans l'huile chaude mais non fumante, faites revenir l'oignon avec le poivron et la carotte (ou le potiron) et le poulet (si vous avez choisi d'en mettre) à chaleur moyenne jusqu'à ce que la carotte (ou le potiron) commencent à se ramollir. Ajoutez alors le gingembre, les petits pois (ou les haricots ou le brocoli). Remuez puis ajoutez le chou-fleur, salez, poivrez, couvrez pendant 2 à 3 minutes. Testez ensuite la cuisson des légumes. C'est le moment d'ajouter soit les crevettes, soit le tofu. Éteignez lorsque la cuisson vous convient.
Servez parsemé d'oignons verts et de graines si vous les avez choisies.

Chou-fleur tikka masala

Potée de potiron et pois chiches à l'indienne

Chou-fleur ou poulet *tikka masala*

4 personnes

- 1 petit chou-fleur séparé en bouquets ou 400 g de poulet coupé en petits cubes
- 4 à 6 oignons verts coupés en bâtonnets d'environ 2 cm
- 1 cuillérée à café d'ail haché
- 1 cuillérée à soupe de gingembre râpé
- 2 cuillérées à soupe d'huile vierge (olive, sésame...)
- 4 tomates moyennes coupées en dés
- 1 ou 2 poivrons (selon la taille) coupés en petits dés
- 1 poignée de feuilles de coriandre ciselées
- 1 tasse soit 250 ml de lait de coco
- 1/2 cuillérée à café de graines de moutarde ; sel, poivre au goût
- 1 cuillérée à café rase de *garam masala* + 1/2 de coriandre en poudre + 1/2 de cannelle + 1/2 de curcuma en poudre + du piment si vous le désirez

Faites revenir les graines de moutarde dans l'huile chaude et quand elles commencent à éclater, ajoutez les autres épices puis le gingembre et en dernier l'ail. Remuez pendant 1mn, ajoutez les poivrons et les tomates ; laissez-les s'assouplir puis c'est au tour soit du poulet, soit du chou-fleur. Mélangez bien avant de couvrir et réduire la chaleur afin que ces derniers cuisent. Le chou-fleur doit rester craquant. Éteignez puis versez le lait de coco. Servez parsemé de la coriandre sur du riz (complet de préférence), ou du quinoa, etc.

Potée de potiron et de pois chiches à l'indienne

4 personnes

- 250 g de potiron épluché et coupé en dés
- 250 g de pois chiches déjà cuits, égouttés (voir note p. 29)
- 200 g de pousses d'épinards coupées grossièrement
- 1 oignon rouge moyen émincé
- 1 cuillérée à soupe rase de *garam masala*
- 2 cuillérées à soupe de gingembre râpé
- 1 cuillérée à soupe de curcuma râpé
- 2 cuillérées à soupe d'huile d'olive vierge
- 400 ml de lait de coco + 2 cuillérées à soupe de jus de citron
- sel, poivre + 3 pincées de piment de Cayenne si vous le désirez

Dans une casserole, faites revenir l'oignon dans l'huile pendant 3 mn puis ajoutez le gingembre, le curcuma, le *garam masala*, sel, poivre, piment et le potiron. Remuez afin de bien imprégner le potiron avec les épices. Au bout de 5 mn, versez le lait de coco; incorporez les pois chiches, couvrez. Laissez mijoter sur feu doux jusqu'à ce que le potiron soit tendre. C'est au tour du jus de citron et des épinards qui doivent juste faner. Servez avec du riz (complet de préférence).

Pois chiches aux oignons caramélisés

Pois chiches aux oignons caramélisés

4 personnes

- pois chiches cuits* ou 1 boîte de 400 g
- 1 oignon moyen coupé en petits quartiers
- 4 cuillérées à soupe d'huile d'olive vierge
- 4 cuillérées à soupe de sirop d'érable pur
- 4 brins d'estragon effeuillés + quelques pincées de sel et de poivre
- 200 g de chou chinois ou d'épinards frais coupés grossièrement
- 400 g de blanc de poulet coupé en dés ou de crevettes (facultatif)
- 4 patates douces moyennes pour accompagner

Commencez par faire cuire les patates douces à la vapeur. Une fois molles (piquez avec une fourchette), épluchez-les puis réduisez-les en purée à l'aide d'une fourchette. Vous pouvez verser un peu de lait de coco ou de crème de soja ou de riz ou d'amande cuisine, pour donner plus d'onctuosité à la purée.
Pendant que les patates cuisent, égouttez les pois chiches*, séchez-les dans un torchon puis enduisez-les d'une sauce composée des 4 cuillérées de sirop + 2 d'huile + l'estragon. Étalez-les sur une tôle ou sur la lèchefrite (recouverte de papier cuisson pour faciliter le nettoyage) ainsi que l'oignon, le poulet (ou les crevettes) et les choux chinois. Vous pouvez saler et poivrer le poulet.
Enfournez à température élevée jusqu'à cuisson du poulet. Répartissez ensuite ce mélange dans 4 assiettes avec la purée de patate douce.

*Note : s'ils sont Bio, vous pouvez garder l'eau (appelée aquafaba, littéralement "eau de fèves" en italien) qui vous servira à faire des meringues sans œuf (voir recettes p. 61 - 63) ; dans le cas contraire, rincez les pois chiches et jetez l'eau qui contient beaucoup de sodium.

Pois chiches rôtis croustillants

5 personnes

Voici un excellent produit à déguster à l'apéritif.

- 2 boîtes ou bocaux de pois chiches (voir note plus haut), soit 500 g égouttés
- 2 cuillérées à soupe d'huile d'olive vierge
- 1 cuillérée à soupe rase de cumin moulu
- 1 cuillérée à café de sel
- 1 cuillérée à café de poudre de piment d'espelette (ou plus selon votre goût)

Préchauffez le four à haute température.
Dans un saladier, mélangez les pois chiches avec l'huile, le sel, le cumin et le piment. Répartissez sur la lèchefrite recouverte de papier cuisson. Faites rôtir entre 20 et 30 mn en remuant à mi-cuisson jusqu'à ce que les pois chiches soient dorés.
Laissez refroidir complètement ; les pois chiches vont devenir plus croustillants en refroidissant.

Ragoût de patate douce au curry avec riz aux lentilles

Salade composée

Ragoût de poulet et de patate

4 personnes

- 2 gros blancs de poulet cru coupés en dés (ou du tofu pour les végétariens)
- 4 patates douces moyennes (jaunes, violettes, blanches...)
- 2 échalotes (ou 1 oignon moyen) hachées grossièrement
- 1 cuillérée à soupe d'huile vierge (coco, olive, sésame...)
- 200 g d'épinards (frais ou congelés) ou du chou chinois coupé en petits morceaux d'environ 1 cm
- 2 à 3 cuillérées à soupe de curry de votre choix : en poudre, en pâte, fort ou doux
- 1 tasse soit 250 ml de lait de coco
- 1/2 tasse soit 125 ml de bouillon (légumes, poulet Bio) ou de l'eau
- 2 cuillérées à soupe de *nuoc-mâm* (sauce de poisson séché) ; de *miso* ou de *tamari* si vous êtes végétarien ou sinon du sel
- une petite poignée de feuilles de coriandre ciselées
- 1/2 tasse de cacahuètes concassées (facultatif)

Faites cuire les patates douces à la vapeur ou à l'eau puis épluchez-les, coupez-les en gros dés.
Dans l'huile chaude mais non fumante, faites revenir le poulet avec les échalotes (ou l'oignon) jusqu'à ce que celles-ci soient ramollies. Ajoutez le curry que vous avez choisi puis les patates douces. Lorsque celles-ci sont bien enrobées de curry, versez le bouillon, le *nuoc-mâm*, le lait de coco ; incorporez les épinards.
Laissez mijoter à feu très doux une dizaine de mn. Servez parsemé de feuilles de coriandre, de cacahuètes et accompagné de riz aux lentilles (recette ci-dessous).

Note : *vous pouvez remplacer le poulet par de l'agneau ou du tofu et les patates douces par du potiron.*

Riz complet aux lentilles

- 1 et 1/2 tasse de riz complet (riz basmati, thaï...)
- 1/2 tasse de lentilles Béluga (noires) ou autres : blondes, vertes.

L'avantage des lentilles Béluga, c'est qu'elles cuisent au même rythme que le riz complet. Si vous utilisez un autre type de lentilles (blondes ou vertes), faites-les tremper 2 h avant de les faire cuire.
Lavez le riz mélangé aux lentilles. Comptez le double de volume d'eau soit 4 tasses. Faites cuire à l'autocuiseur ou dans une casserole couverte à feu doux. Vous pouvez ajouter de l'algue *Kombu* coupée en petits morceaux pour les minéraux contenus dans cette algue (fer, calcium) ainsi que l'iode (élément nutritif essentiel vital pour la production d'hormones et la fonction normale de la thyroïde).

Salade composée

Composez vous-même votre salade avec de la laitue, des pousses d'épinards, du chou *kale*, des petits bâtonnets de haricots longs encore jeunes crus, du céleri, des carottes, des radis, de la betterave, de la tomate, des poivrons, de l'avocat, etc. Vous pouvez y ajouter des pois chiches, des haricots secs cuits, des graines germées, des pousses de luzerne (*alfalfa*), etc.
N'oubliez surtout pas les herbes aromatiques remplies de vitamines, de calcium, de chlorophylle, telles que le persil, la coriandre, les oignons verts, la menthe, le basilic...
Pour la vinaigrette, voir p. 53.

Légumes multicolores au four avec poisson

Légumes multicolores au four avec poulet ou poisson ou tofu

4 personnes

- 400 g de poulet (blanc...) ou de poisson ou de tofu ferme coupé en dés
- 1 oignon moyen (blanc, jaune ou rouge) coupé en dés
- 2 ou 3 poivrons moyens de couleurs différentes coupés en dés
- 1 courgette moyenne coupée en dés (si Bio, avec la peau)
- 1 tête de brocoli détaillée en bouquets (ou du chou-fleur de couleur)
- 1 bol de tomates cerise (facultatif)
- 100 g de champignons de Paris coupés en dés (facultatif)
- 4 à 6 gousses d'ail pressées ou du gingembre râpé
- quelques brins de thym (frais ou séché) + quelques feuilles d'estragon
- 3 petites branches de romarin effeuillées
- 4 cuillérées à soupe d'huile d'olive vierge

Sur une tôle à biscuit ou la lèchefrite (doublée de papier cuisson pour faciliter le nettoyage), disposez tous les ingrédients ci-dessus en terminant par l'huile. Mettez au four à chaleur moyenne pendant environ 30 mn ou jusqu'à ce que le poulet soit cuit ou que les légumes vous conviennent. Chacun mettra le sel et le poivre selon son goût.

***Note** : vous pouvez aussi supprimer l'huile et verser du lait de coco au sortir du four avec un filet de jus de citron ou encore assaisonner avec une sauce (voir recettes p. 43). Accompagnez d'une purée de taro ou de patate douce ou d'igname (ou de pomme de terre) ou bien de pâtes, de quinoa, de lentilles, etc.*

Lentilles craquantes aux légumes verts

- 1 tasse de lentilles rouges (mises à tremper 30 mn avant dans de l'eau bouillante)
- 4 cuillérées à soupe d'huile vierge (olive, coco, sésame...)
- 1 cuillérée à soupe de gingembre râpé
- 2 à 4 oignons verts (selon la taille et votre préférence) hachés finement
- 2 poignées de chou chinois (**pak choy, bok choy**...) coupé en bâtonnets d'1 à 2 cm
- 250 ml de lait de coco soit 1 tasse

2 à 3 personnes

Dans une grande poêle, versez 2 cuillérées à soupe d'huile, faites revenir à chaleur moyenne les oignons verts avec le gingembre pendant 2 mn puis ajoutez les choux chinois. Continuez à remuer jusqu'à ce que ceux-ci soient à peine fanés puis passez-les dans un saladier et réservez au chaud (mettez un couvercle). Égouttez bien les lentilles, étalez-les sur du papier absorbant.
Versez les 2 autres cuillérées à soupe d'huile (vous pouvez utiliser une huile différente de celle que vous aurez choisie dans la poêle. Ajoutez les lentilles ; répartissez en une fine couche. Laissez cuire 2 à 3 mn à chaleur moyenne puis, à l'aide d'une spatule, détachez-les du fond, remuez puis étalez-les à nouveau pour qu'elles soient bien craquantes (1 à 2 mn). À ce stade, ajoutez les légumes, salez, poivrez, mélangez le tout jusqu'à ce que la cuisson vous convienne (1 à 3 mn) ; éteignez et versez le lait de coco.
Servez avec du riz (complet de préférence).

Lentilles à la coréenne

Pesto à la betterave

Lentilles à la coréenne

4 personnes

- 1 tasse de lentilles* soit 140 g ou de haricots secs (blancs, rouges, noirs, adzuki...)
- 2 cuillérées à soupe d'huile vierge (sésame, olive...)
- 1 petit oignon haché
- 2 à 3 gousses d'ail hachées
- 1 cuillérée à soupe rase de gingembre râpé finement
- 4 cuillérées à soupe de sauce de soja
- 2 cuillérées à soupe rases de sucre roux
- quelques pincées de piment de Cayenne (facultatif)

Rincez les lentilles ; mettez-les dans un bol avec 3 tasses d'eau (soit 750 ml), le sucre, la sauce de soja et le piment.
Dans une casserole, faites chauffer l'huile pour faire revenir l'oignon. Lorsque celui-ci se ramollit, ajoutez le gingembre et l'ail. Remuez 2 mn, versez-y le contenu du bol. Couvrez, réduisez la chaleur ; laissez mijoter jusqu'à ce que les lentilles soient tendres. Servez sur du riz chaud, complet de préférence (2 volumes de riz complet pour 4 volumes d'eau), que vous aurez fait cuire avec 1/2 cuillérée à café de curcuma et 2 pincées de poivre noir. Parsemez de graines de sésame et d'oignons verts (ou de persil vietnamien ou encore de ciboulette).
Vous pouvez accompagner d'une bonne salade composée (P. 31).

* les lentilles corail (rouges), jaunes et Béluga (noires) cuisent très vite. Si vous utilisez d'autres variétés (blondes, vertes), il sera préférable de les faire tremper quelques heures. De même pour les haricots secs qu'il faudra, selon la variété, laisser dans l'eau toute une nuit et même les passer quelques mn à la cocotte minute.

**Note : l'association de lentilles avec du riz forme des protéines complètes.
Ajouter de la viande ne ferait qu'augmenter le mauvais cholestérol et provoquer des flatulences.*

Pesto à la betterave

4 personnes ou 1 bol

- 300 g de betterave cuite coupée en petits dés
- 1 cuillérée à soupe de jus de citron
- 100 g de graines de courge
- 2 à 3 gousses d'ail pressées
- 3 cuillérées à soupe d'huile d'olive vierge
- quelques feuilles de basilic hachées
- 75 g de parmesan râpé finement ou de levure maltée

Mixez la betterave avec les graines de courge, l'huile, le jus de citron, le basilic et l'ail jusqu'à obtenir une purée homogène. Mettez dans un bol ; ajoutez le fromage (ou la levure pour les intolérants aux produits laitiers), salez, poivrez.
Dégustez avec des pâtes ou du poulet rôti, etc.

Millefeuille de légumes au poulet

Millefeuille de légumes au poulet

4 personnes

- 2 grosses aubergines Bio coupées en rondelles d'environ 5 mm (avec la peau)
- 1 "long cou" de courge *butternut* (photo p.68) coupé en rondelles d'environ 5 mm (avec la peau si Bio) ou du potiron en lamelles ou des carottes
- 400 g de chou chinois ou d'épinards (frais ou congelés) hachés grossièrement
- 400 g de tomates concassées fraîches ou en boîte
- 1 oignon moyen émincé + 1 cuillerée à soupe d'ail pressé
- 4 cuillerées à soupe d'huile d'olive vierge ; sel, poivre
- 1 cuillerée à soupe d'herbes de Provence
- 400 g de blanc de poulet cuit émietté ou de tofu ferme coupé en petits dés
- 125 g de mozzarella râpée ou de fromage végétal (recette p. 53)

Dans une poêle, faites revenir l'oignon dans l'huile chaude puis ajoutez le chou chinois ; couvrez jusqu'à ce qu'il soit à peine fané. Salez, poivrez.

Dans un plat à four, disposez les rondelles de courge, le chou chinois, les rondelles d'aubergine, les tomates concassées additionnées des herbes de Provence, de l'ail et un peu de sel + du poivre. Recouvrez le plat d'un papier cuisson bien ajusté. Mettez au four chaud pendant 50 à 60 mn puis testez (avec la pointe d'un couteau) la cuisson des aubergines et de la courge qui doivent être tendres. Parsemez de poulet émietté (ou de dés de tofu) et de fromage. Remettez au four pour faire gratiner environ 10 mn.

Tofu craquant au quinoa façon *nuggets*

4 personnes

- 400 g (1 barquette) de tofu extra ferme,
- 1 bol de sauce *barbecue* (recette suit)
- 1/2 tasse de quinoa cuit

Préchauffez le four à température assez élevée.

Coupez le tofu en 2 dans le sens de la longueur puis en rectangles d'environ 2 cm d'épaisseur. Trempez-les dans la sauce b*arbecue* puis roulez-les dans le quinoa. Placez-les sur une tôle ou la lèchefrite doublée de papier cuisson. Enfournez 15 à 20 mn jusqu'à ce que le quinoa soit doré et croustillant.

Sauce *barbecue* maison

1 bol

- 1/2 tasse soit 125 ml de ketchup (Bio de préférence) + la même quantité d'eau*
- 2 cuillerées à soupe de sauce Worcestershire + 1/2 de poudre d'ail et/ou d'oignon
- 2 cuillerées à soupe de vinaigre de cidre ou de vin rouge + 1 de moutarde
- 1 pincée de sel + 1 de poivre ; quelques gouttes de votre sauce piquante préférée

Mélangez le tout dans 1 petite casserole ; portez à ébullition puis laissez frémir 5 mn en remuant fréquemment.

* diminuez la quantité d'eau pour 1 sauce plus épaisse.

Quiche aux légumes

Nouilles de potiron au tofu

Quiche aux légumes (sans gluten, ni œuf, ni lait)

Pâte à l'igname :

Pour 1 tarte de 30 cm de diamètre - 8 personnes

- 4 cuillérées à soupe d'huile d'olive vierge +1/2 cuillérée à café de sel + 1 d'ail en semoule
- 500 g d'igname (ou de pomme de terre) épluché puis râpé grossièrement

Mélangez ces ingrédients ; étalez dans un plat à tarte graissé (au fond et sur les côtés).
Mettez au four à température moyenne jusqu'à ce que la "pâte" soit dorée.

Autre pâte avec farines sans gluten parfumée à l'estragon (ou au thym) :

- 1 tasse soit 170 g de polenta fine
- 1/2 tasse soit 75 g de farine de pois chiches ou de *uru* (fruit de l'arbre à pain)
- 1 œuf ou son substitut aux graines de lin ou de chia (voir p. 65)
- 100 ml d'huile d'olive vierge soit 1/3 de tasse + 2 à 3 cuillérées à soupe d'eau
- 3 branches d'estragon : feuilles hachées finement + 1/2 cuillérée à café de sel

Mélangez tous les ingrédients puis étalez la pâte directement dans le moule. Couvrez le fond d'1 papier cuisson ; remplissez de haricots secs afin que la pâte ne se rétracte pas à la cuisson. Mettez au four à température moyenne jusqu'à ce que la pâte soit dorée. Retirez les haricots et le papier.

Versez-y la garniture : Coupez en petits dés les légumes de votre choix : carotte, navet, potiron, poivron, courgette, haricot vert, céleri, oignon, etc. Vous pouvez y mettre aussi du maïs, des petits pois, des tomates cerise, bref, en tout 4 tasses soit 1L + du gingembre râpé, du curcuma, etc.
Dans une sauteuse, versez 4 cuillérées à soupe d'huile ; faites revenir d'abord les légumes les plus durs tels que le navet, la carotte, avec les oignons. Ajoutez ensuite les légumes plus tendres comme la courgette, le céleri, les haricots verts, etc. Si les petits pois sont surgelés, mettez-les à la fin ainsi que le maïs. Salez, poivrez. Répartissez-les dans le fond de tarte puis versez-y le mélange suivant :

- 3 tasses (soit 750 ml) de lait végétal (soja, amande - sans sucre ajouté -, coco...)
- 2 cuillérées à soupe rases de fécule de maïs + 1 cuillérée à café d'agar agar

Remettez au four une trentaine de mn ; laissez bien refroidir avant de découper.

Note : *Vous pouvez utiliser cette garniture seule pour 1 quiche sans pâte, dans 1 grand moule ou dans plusieurs petits ramequins individuels.*

"Nouillles" de potiron au tofu

4 personnes

- 500 g de potiron épluché + 400 g de tofu ferme
- 1 cuillérée à soupe de gingembre râpé + 2 d'oignons verts coupés (1 à 2 cm)

Réalisez des "nouilles" en spirales si vous disposez de l'appareil spécial pour ce faire. Sinon, coupez simplement des morceaux de potiron en julienne ou bien râpez-les grossièrement puis faites-les cuire à la vapeur "*al dente*" afin qu'ils ne se désagrègent pas. Faites revenir le tofu, le gingembre et les oignons verts dans 2 cuillérées à soupe d'huile d'olive vierge. Assaisonnez avec du *tamari* (+ de la sauce piquante si vous le désirez) ; déposez sur le potiron ; parsemez de graines de sésame.

Chou sauté aux champignons

Chou chinois (baby bok choy) sauté à l'ail et au gingembre

Chou sauté aux champignons

4 personnes

Vous pouvez faire ce plat en tant qu'accompagnement ou bien comme plat principal. Dans ce dernier cas, vous pouvez ajouter du poulet ou du tofu et le servir avec du riz (complet de préférence).

- 1 chou blanc (entre 500 g et 1 kg) émincé
- 2 branches de céleri coupées en fines tranches
- 1 carotte, coupée en julienne ou râpée grossièrement
- 3 cuillérées à soupe d'huile vierge (olive, sésame...)
- 1 cuillérée à soupe de gingembre râpé ou haché + 1 petit oignon émincé
- 200 g de champignons émincés : de Paris ou *shiitaké* (frais, congelés ou séchés ; réhydratez-les quelques heures à l'avance selon la variété, jetez le pied dur des shiitakés)
- 1 tasse de noix de cajou soit 50 g ou bien 2 cuillérées à soupe de graines de sésame (noires ou blanches)
- 400 g de tofu ferme coupé en dés (facultatif)
- 400 g de poulet désossé coupé en petits morceaux (facultatif)
- 4 cuillérées à soupe de sauce de soja ; poivre noir au goût
- 2 à 4 cuillérées à soupe de sauce pimentée de votre choix (facultatif)

Dans un wok ou autre casserole, faites sauter l'oignon (avec le poulet si vous avez choisi d'en mettre) dans l'huile chaude mais non fumante à chaleur moyenne-forte. Au bout de 2 mn, ajoutez la carotte, le céleri, le gingembre et les champignons. Mélangez fréquemment encore 2 mn. C'est au tour du chou, des noix de cajou, du poivre et de la sauce de soja. Après avoir bien mélangé le tout, couvrez, réduisez la chaleur. Découvrez au bout de 3 mn. Si vous avez décidé de mettre du tofu, c'est le moment ; il doit être juste chauffé. Versez la sauce pimentée si vous avez choisi d'en mettre. Remuez le tout délicatement jusqu'à ce que le chou soit cuit à votre convenance. Servez parsemé de graines de sésame (si vous avez choisi d'en mettre plutôt que des noix de cajou).

Note : vous pouvez aussi battre quelques œufs et les incorporer à la place du tofu.

Chou chinois sauté à l'ail et au gingembre

2 personnes

- 4 à 6 baby *bok choï* ou autre variété de chou chinois
- 2 cuillérées à soupe d'huile d'olive vierge ou sésame vierge
- 1 cuillérée à soupe de gingembre haché + 1 d'ail haché
- 1 à 2 cuillérées à café de sauce de soja ou de *tamari*

Lavez soigneusement les choux chinois. Vous pouvez les garder entiers, les couper en 2 dans le sens de la longueur ou encore les couper grossièrement. Dans l'huile chaude mais non fumante, faites revenir 30 s l'ail et le gingembre à chaleur moyenne. Placez les choux entiers, couvrez, réduisez la chaleur. Au bout de 3 mn, vérifiez la cuisson. Ils doivent rester craquants. Versez la sauce de soja, servez.

"Nouilles" de courgettes au tofu

Variante : dinde en sauce sans beurre de cacahuète

"Nouilles" de courgettes au poulet ou au thon ou au tofu

4 personnes

En fait, il s'agit de courgettes qui font office de pâtes pour les personnes qui veulent éviter le gluten ou les hydrates de carbonne.

- 3 à 4 jeunes courgettes (Bio de préférence)
- 400 g de poulet désossé coupé en petits morceaux ou du thon ou encore du tofu très ferme coupé en dés
- 4 cuillérées à soupe d'huile de sésame vierge ou d'olive vierge (ou autre huile)
- 2 cuillérées à soupe de gingembre râpé + 2 d'ail pressé ou haché
- 3 cuillérées à soupe de vinaigre de riz
- 4 cuillérées à soupe de sauce de soja ou de tamari
- 4 cuillérées à soupe rases de beurre de cacahuète (sans sel ajouté, Bio de préférence)
- 1 à 2 cuillérées à café de sauce pimentée (facultatif) ou plus si vous le désirez
- 3 cuillérées à soupe de graines de sésame + quelques oignons verts hachés

Si vous disposez d'un appareil qui fait des spirales, utilisez-le pour râper les courgettes, sinon, coupez-les en fine julienne ou râpez-les grossièrement sur une râpe normale. Vous pouvez les déguster crues ou bien les faire cuire légèrement (*al dente*) à la vapeur.

Dans l'huile chaude mais non fumante, faites revenir l'ingrédient choisi (poulet, poisson ou tofu) jusqu'à ce qu'il soit doré. Mélangez (ou mixez de préférence afin d'obtenir une texture plus onctueuse) le gingembre et l'ail avec la sauce de soja, le vinaigre, le beurre de cacahuète et la sauce pimentée. Versez le tout dans la poêle contenant le poulet (ou le tofu ou le thon) puis continuez à remuer pendant 2 mn. Servez sur les "nouilles" chaudes ou froides. Parsemez avec les graines de sésame et les oignons verts.

Variante : "nouilles" de potiron, sauce sans beurre de cacahuète

Réalisez des "nouilles" (spirales, julienne ou râpées) puis faites-les cuire à la vapeur "*al dente*" afin qu'elles ne se mettent pas en purée.

- 400 g de poulet, dinde ou tofu très ferme coupé en dés
- 4 cuillérées à soupe d'huile vierge (sésame, olive...)
- 2 cuillérées à soupe de gingembre râpé + 2 d'ail pressé
- 1 cuillérée à soupe de vinaigre de riz
- 4 cuillérées à soupe de sauce de soja ; poivre et piment au goût
- 1 cuillérée à soupe de sucre roux ou de sirop d'érable ou d'agave
- 1 cuillérée à soupe rase de fécule de maïs + 2 cuillérées à soupe d'eau
- 3 cuillérées à soupe de graines de sésame + quelques oignons verts hachés

Dans un *wok*, faites revenir le poulet ou la dinde ou le tofu dans l'huile chaude avec l'ail et le gingembre pendant 3 mn. Dans un bol, mélangez le vinaigre, la sauce de soja, l'eau, le sucre et la fécule. Versez dans le wok sans cesser de remuer le tout. Lorsque la sauce s'épaissit, éteignez ; servez parsemé de graines de sésame et d'oignons verts sur le lit de "nouilles" chaudes.
Servez avec des haricots longs (ou verts) cuits à la vapeur.

"Omelette"
(sans œuf)
farcie

"Œufs" (sans œuf) brouillés

"Omelette" farcie (sans œuf)

1 personne

- 200 g de tofu ferme coupé en dés ou du tofu à la farine de pois chiches (voir p. 09)
- 1/3 de tasse soit 85 ml de lait de soja ou de riz
- 1 cuillérée à café rase de gingembre râpé finement
- 1 cuillérée à soupe rase de farine de riz + 1 de fécule de maïs
- 1 cuillérée à soupe rase de levure maltée (facultatif)
- 1/4 de cuillérée à café de curcuma en poudre (pour la couleur jaune)
- 2 à 3 pincées de sel et de poivre noir
- 2 cuillérées à soupe d'huile vierge (olive, sésame...)

Pour la garniture :

- 100 g de jeunes pousses d'épinards ou de chou chinois (*pak choï*, ...)
- 3 à 5 champignons de Paris (selon la taille) coupés en lamelles
- 2 gousses d'ail pressées
- 2 cuillérées à soupe d'huile d'olive vierge
- 1 cuillérée à café de sauce de soja ou de *tamari*

Dans le bol du mixeur, mettez les 8 premiers ingrédients (sauf l'huile); pulsez jusqu'à obtenir une pâte lisse. Versez le contenu dans une poêle d'environ 22 cm de diamètre après avoir fait chauffer les 2 premières cuillérées d'huile. Laissez cuire à feu doux pendant une dizaine de mn ou jusqu'à ce que le dessus soit presque sec.
Pendant que "l'omelette" cuit, dans une autre poêle ou casserole, faites revenir les champignons dans les 2 autres cuillérées d'huile pendant 1 mn ; ajoutez l'ail puis les épinards (ou le chou chinois). Dès que ceux-ci sont fanés, versez la sauce de soja, éteignez, gardez au chaud. Ajoutez alors la garniture sur la moitié de l'omelette puis faites glisser dans une assiette en penchant la poêle afin que l'omelette se replie sur la garniture. Dégustez.

"Œufs" brouillés (sans œuf)

2 à 3 personnes

- 400 g de tofu ferme écrasé à la fourchette avec 1/2 cuillérée à café de curcuma en poudre (pour la couleur jaune et les propriétés)
- 4 cuillérées à soupe d'huile d'olive vierge
- 200 g de champignons de Paris (ou autres), frais ou congelés coupés en lamelles
- 200 g d'épinards - frais ou congelés (facultatif)
- persil haché pour la décoration et le calcium ; quelques tomates cerise

Dans une poêle, versez l'huile et lorsqu'elle est chaude mais non fumante, faites revenir les champignons ; incorporez les épinards puis le tofu. Salez, poivrez. Remuez bien le tout. Servez parsemé de persil haché.

Note : vous pouvez y ajouter des oignons et des tomates que vous ferez revenir avant les champignons, du fromage râpé...

Pâtes avec sauce au potiron

Pâtes à la crème de légumes

Pâtes avec sauce au potiron

4 personnes

- 500 g de pâtes de votre choix (ou plus selon votre appétit)
- 1 tasse de purée de potiron* (environ 250 g de potiron cru avec la peau si Bio)
- 4 cuillérées à soupe rases de purée de noix de cajou (vendue en bocal)
- 2 cuillérées à soupe de jus de citron
- 1 cuillérée à soupe rase de moutarde de Dijon
- 1 cuillérée à café rase de curcuma en poudre + 1/2 d'ail en semoule
- sel et poivre noir (pour mieux absorber les propriétés du curcuma)
- 1 pincée de noix de muscade
- quelques brins de persil ou de basilic ou bien de la ciboulette ou des oignons verts ou encore de l'estragon

Faites cuire les pâtes selon les instructions sur l'emballage. Mettez le reste des ingrédients dans le bol du mixeur. Si vous trouvez la sauce trop épaisse, versez quelques cuillérées d'eau de cuisson des pâtes. Mélangez la sauce avec les pâtes égouttées ; servez parsemé de l'herbe de votre choix coupée finement.

Pour obtenir de la purée de potiron, après l'avoir lavé, coupez-le (sans l'éplucher) en gros morceaux que vous ferez cuire de préférence à la vapeur (sinon à l'eau). Une fois ramolli (testez avec une fourchette), prenez chaque morceau avec un gant afin d'éviter de vous brûler (ou bien laissez refroidir) puis râclez la chair à l'aide d'une grande cuillère. Écrasez ensuite la chair à la fourchette ou passez-la au moulin à légumes si vous voulez obtenir une purée fine.

Pâtes à la crème de légumes (ou sauce veloutée aux légumes)

4 personnes

- 500 g de pâtes de votre choix (ou plus selon votre appétit)
- 4 cuillérées à soupe d'huile d'olive vierge
- 1 oignon moyen râpé grossièrement
- 2 petites courgettes râpées grossièrement avec la peau (si Bio)
- 400 g (2 petites briques) de crème végétale : soja cuisine, riz, amande...
- 4 cuillérées à soupe de concentré de tomate ; sel, poivre
- mélange d'herbes et d'épices séchées : de Provence, origan, ail, piment...
- quelques brins d'herbes fraîches ciselés : persil, basilic, estragon...

Faites cuire les pâtes selon les instructions sur l'emballage. Pendant qu'elles cuisent, faites revenir l'oignon dans l'huile chaude mais non fumante. Dès qu'il devient translucide, ajoutez les courgettes ; remuez souvent pendant une dizaine de mn à température moyenne jusqu'à ce que le mélange commence à sécher. Versez la crème, incorporez le concentré de tomate et les herbes séchées, sel, poivre au goût. Couvrez 5 mn, éteignez. Servez sur les pâtes égouttées et parsemez avec une ou plusieurs herbes fraîches.

Note : *vous pouvez ajouter des épinards (frais ou congelés) ou des choux chinois, des carottes râpées finement, des olives coupées en petits morceaux ainsi que des paillettes d'algues séchées et de la levure maltée. Si vous n'êtes pas végétarien, des petites crevettes s'y trouveront bien ou du poulet émietté.*

Hachis parmentier revisité

"Hachis parmentier" revisité

`6 personnes`

- 600 g d'igname (blanche ou violette) ou de patate douce
- 150 g soit 1/2 tasse de protéines de soja texturées (petit calibre ou hachées ; en vente en magasins de produits Bio et en grandes surfaces.)
- 2 cubes de bouillon de légumes (Bio, sans glutamate)
- 500 ml de coulis de tomates (2 tasses)
- 2 cuillerées à soupe de gingembre râpé finement
- 10 champignons chinois (*shiitaké*) réhydratés et coupés finement
- 1 gros poivron rouge et un vert ou jaune coupés finement
- 1 cuillerée à café de cumin en grains ou moulu
- 3 cuillerées à soupe d'huile d'olive vierge
- 2 oignons hachés

Commencez par faire cuire à l'eau les ignames épluchées. Retirez-les lorsqu'elles sont molles (transpercez avec un couteau), tout comme les pommes de terre.

D'autre part, dans une petite casserole, versez 1 tasse d'eau (soit 250 ml) ; jetez-y les cubes de bouillon. Une fois dissouts, incorporez les protéines de soja. Dès ébullition, versez le coulis de tomates ; réduisez la chaleur, couvrez, laissez mijoter pendant une vingtaine de mn, éteignez.

Dans une casserole plus grande, faites revenir les oignons avec le gingembre dans l'huile pendant 2 mn. Ajoutez les poivrons. Incorporez les champignons, les proteines de soja et le cumin ; remuez bien le tout ; laissez mijoter (couvert) une quinzaine de mn. Rectifiez l'assaisonnement.

Passez l'igname à la moulinette en y ajoutant un peu d'eau de cuisson (ou bien du lait de soja ou de coco si vous préférez). Si vous n'avez pas de moulinette, écrasez simplement à la fourchette.

Dans un plat à four préalablement beurré ou huilé, versez la préparation avec les champignons et le soja dans le fond puis étalez dessus la purée d'igname. Vous pouvez également saupoudrer d'un peu de coco râpé. Mettez le plat au four à température moyenne une trentaine de mn afin que le tout soit bien chaud.
Servez avec une bonne salade composée (recette p. 31).

Note : *si vous disposez d'un robot culinaire, mettez-y les protéines de soja (une fois cuites) avec les champignons (crus), le coulis de tomates et les aromates (gingembre, cumin). Vous verserez ensuite ce mélange dans les oignons revenus avec les poivrons. La texture ressemble à s'y tromper à de la viande hachée.*

Beaucoup des vitamines et minéraux indispensables à notre santé sont présents dans l'igname : vitamines du groupe B, vitamine C, potassium, phosphore, manganèse, fer, cuivre. L'igname est également riche en :
- **protéines** végétales, indispensables au bon fonctionnement de toutes les cellules ;
- **lipides**, anti-inflammatoires et aidant à prévenir les maladies cardio-vasculaires ;
- **glucides**, essentiels à l'énergie (116 calories pour 100 g. Une charge glycémique tout à fait modérée) ;
- **fibres alimentaires**, qui aident à bien digérer.
L'igname a des vertus hypoglycémiantes, anti-inflammatoires, anti-oxydantes, antivirales, antibactériennes et agit sur le système immunitaire.

Burger végan à la betterave

Boulettes végétariennes aux lentilles

Burger vegan à la betterave

pour 6 burgers

- 2 betteraves moyennes (environ 250 gr) cuites coupées en dés
- 1/2 tasse de haricots noirs crus* ou 1 et 1/2 tasse une fois cuits ou encore 1 boîte de haricots rouges (240 g égouttés) ou bien 250 g de pois chiches cuits
- 1 tasse de riz cuit
- 2 cuillérées à soupe de graines de lin moulues + 6 cuillérées à soupe d'eau
- 1 petit oignon haché + 2 gousses d'ail hachées
- 1 cuillérée à soupe d'huile vierge (olive, sésame...) + 1 cuillérée à café de moutarde
- 1 cuillérée à café de thym ou de cumin + 1 de sel ; poivre au goût
- 1 cuillérée à café de thym ou de cumin + 1 de sel ; poivre au goût
- des petits pains pour hamburgers

Commencez par hydrater les graines de lin ; ce sont elles qui vont servir de liant. Préchauffez le four à température assez élevée. Faites revenir l'oignon dans l'huile jusqu'à ce qu'il devienne translucide ; ajoutez l'ail puis transférez dans un saladier avec les betteraves, les graines de lin qui auront gonflé, les haricots ou les pois chiches, le riz, la moutarde et les épices. Mixez le tout jusqu'à obtenir une pâte très épaisse et collante. Huilez-vous les mains et formez des galettes puis déposez-les sur une plaque recouverte de papier cuisson. Vous pouvez vous aider d'un cercle à pâtisserie. Enfournez pour 20 à 30 mn. Retournez-les au bout de 15 mn. Assemblez les burgers dans les petits pains avec de la laitue, des tranches de tomate, du guacamole, des champignons sautés, des graines germées, etc.

vous pouvez utiliser des graines de haricots longs de votre jardin (voir p. 23).

Boulettes végétariennes aux lentilles

4 personnes

- 1 tasse de lentilles cuites (blondes, vertes...)
- 1 oignon moyen haché + 3 gousses d'ail hachées
- 3 cuillérées à soupe d'huile d'olive vierge ou de sésame vierge
- 1 tasse soit 150 g de champignons de Paris hachés
- 10 brins de persil hachés
- 1 cuillérée à soupe de graines de lin moulues + 3 d'eau (ou 1 œuf)
- 1/2 tasse de chapelure ou 4 biscottes moulues
- 1/2 cuillérée à café de sel + 1/2 de thym ; poivre au goût

Faites cuire 1/2 tasse de lentilles dans 1 et 1/2 tasse d'eau (soit 375 ml) à petit feu dans une casserole assez grande avec couvercle jusqu'à ce qu'elles soient tendres (environ 20 mn à partir du moment où elles commencent à bouillir).
Mélangez les graines de lin moulues avec l'eau ; laissez gonfler au moins 5 mn.
Pendant ce temps, faites revenir dans l'huile l'oignon puis ajoutez les champignons et enfin l'ail avec le sel, le poivre et le thym. Une fois cuits, passez-les au robot ou au mixeur avec les lentilles, les graines de lin gonflées, le persil et la chapelure. Si votre mélange est trop liquide, vous pouvez ajouter un peu de fécule de maïs. Formez 12 petites boulettes que vous pouvez soit faire revenir dans un peu d'huile, soit faire cuire au four à température moyenne (sur une tôle recouverte de papier cuisson et huilée) pendant une trentaine de mn. Servez avec des pâtes et une sauce tomate faite maison.

Vinaigrette aux graines de papaye

Salade de chou bicolore, vinaigrette à l'asiatique

Vinaigrette aux graines de papaye [1 petit bol]

- 1 tasse soit 250 ml d'huile d'olive vierge + 1 cuillérée à soupe de moutarde douce
- 4 cuillérées à soupe de jus de citron
- 4 à 6 cuillérées à soupe de graines de papaye
- sel, poivre au goût

Mixez bien le tout ; versez sur vos salades.

Note : *les graines de papaye sont un excellent vermifuge. Une fois mixées, elles perdent leur goût amer. Vous pouvez garder le reste de vinaigrette dans un bocal au réfrigérateur 3 à 4 jours.*

Salade de chou avec vinaigrette à l'asiatique [4 personnes]

- 1/2 chou blanc + 1/2 chou rouge (pour la couleur) ; en tout environ 6 tasses.
- 1 poignée de noix de cajou (non grillées et non salées)

Coupez les choux en fines lamelles puis assaisonnez avec la vinaigrette suivante :

- 1/4 de tasse soit 75 ml d'huile (sésame vierge ou toasté, olive vierge...)
- 2 cuillérées à soupe de jus de citron ou de vinaigre de riz brun ou de cidre
- 2 cuillérées à soupe de *Nuoc-mâm* ou de *tamari*
- 1 cuillérée à soupe de sucre de coco ou de miel
- 1 cuillérée à soupe de gingembre râpé finement

Mélangez bien la vinaigrette puis versez-la sur la salade de chou.
Le secret pour une salade de chou bien goûteuse, c'est de l'assaisonner 1 à 2 heures à l'avance. Mettez au frais et remuez de temps en temps. Le chou flétrit ; il perd alors son goût un peu piquant.
Avant de servir, parsemez votre salade avec les noix de cajou concassées grossièrement.

Fromage végétal genre mozzarella [1 petit bol]

- 1/2 tasse de noix de cajou crues (non grillées, non salées) + 1 tasse soit 250 ml d'eau
- 4 cuillérées à soupe de fécule de manioc
- 2 cuillérées à soupe rases de levure maltée
- 1 cuillérée à café de vinaigre de cidre
- 1/2 cuillérée à café de poudre d'ail + 1/4 de sel

Mettez à tremper les noix de cajou dans de l'eau toute une nuit. Le lendemain, faites bouillir une quinzaine de mn jusqu'à ce qu'elles soient bien molles ; égouttez, mettez-les dans le bol du mixeur avec 1 tasse soit 250 ml d'eau et le reste des ingrédients. Faites tourner à grande vitesse ; il ne doit plus rester de morceaux de noix. Versez tous les ingrédients dans une petite casserole et portez à ébullition tout en remuant avec un fouet pendant environ 5 mn. Le mélange doit épaissir et être bien crémeux. Continuez à bien remuer pendant encore 2 mn afin que l'amidon soit bien cuit. Versez sur votre pizza, décorez-la ; remettez-la au four si vous le désirez.
(voir photo sur pizza p. 57)

Quinoa à la mexicaine

Quinoa à la mexicaine

`4 personnes`

- 1 tasse de quinoa (blanc ou rouge ou les 2 mélangés)
- 1cuillérée à soupe d'huile d'olive vierge
- 1 cuillérée à café d'ail haché
- 1 cube de bouillon de légumes Bio (sans glutamate) dissout dans 1 tasse soit 250 ml d'eau
- 1 tasse soit 250 ml de coulis de tomates
- 1 boîte de haricots secs : noirs, rouges..., déjà cuits, égouttés
- 1 tasse soit 250 ml de grains de maïs (frais ou congelés), égouttés
- 1/2 cuillérée à café de graines de cumin ; sel, poivre au goût
- 1/2 cuillérée à café (ou plus) de piment de Cayenne (facultatif)
- 1 avocat coupé en dés

À température moyenne, dans l'huile chaude mais non fumante, faites rissoler l'ail avec le cumin et le piment pendant 1 mn. Versez le bouillon et le coulis ainsi que le quinoa rincé. Ajoutez le maïs, les haricots, salez, poivrez. Mélangez ; dès ébullition, couvrez, réduisez la chaleur et laissez mijoter à basse température jusqu'à ce que le quinoa soit tendre. Servez avec l'avocat, le jus de citron et la coriandre.

Note : au lieu de mettre le mélange à cuire dans une casserole, farcissez-en des aubergines puis mettez-les au four recouvertes de papier cuisson.

* Vous pouvez utiliser des haricots en conserve déjà cuits ou les faire vous-même; c'est l'occasion d'utiliser les graines des haricots longs (voir p. 23).

Pâte à crêpes salée sans gluten ni œuf

`Pour 10 crêpes`

- 200 g de farine sans gluten (100 g soit 3/4 de tasse de sarrasin + 50 g de farine de pois chiches + 50 g de farine de riz complet soit 5 cuillérées à soupe de chaque)
- 50 g soit 3 cuillérées à soupe rases de fécule de maïs ou de manioc
- 2 cuillérées à soupe de purée d'amande ou d'huile d'olive vierge
- 750 ml d'eau soit 1 et 1/2 tasse + 1/4 de cuillérée à café de sel

Dans 1 saladier, formez un puits avec la farine + le sel ; versez l'eau au fur et à mesure tout en fouettant énergiquement jusqu'à obtenir une pâte bien lisse. Laissez reposer au frais au moins 2 heures avant de faire cuire les crêpes. Mélangez à nouveau juste avant la cuisson.
Versez un peu d'huile dans un bol. Lavez 1 pomme de terre puis coupez-la en 2 ; essuyez bien puis piquez 1 fourchette à l'opposé de la face coupée. Sur feu moyen, faites chauffer la poêle, trempez la 1/2 pomme de terre (face coupée) dans l'huile et passez-la dans la poêle afin de bien répartir l'huile rapidement. Versez 1/2 louche de pâte et nappez régulièrement le fond. Lorsque la crêpe se détache, retournez-la à l'aide d'une spatule pour cuire l'autre face. Répétez l'opération après chaque crêpe.

Pâte à l'igname

Pâte au chou-fleur et fromage végétal

Pizza sans gluten

6 à 8 parts

Pâte à l'igname ou à la patate douce (ou encore à la pomme de terre) :

- 600 g d'igname ou 2 patates douces moyennes
- 1 tasse soit 130 g de farine de *uru* (fruit de l'arbre à pain) ou de pois chiches
- 3/4 de tasse d'eau soit 180 ml
- 1/2 cuillérée à café de sel + 1/2 de curcuma (facultatif pour la couleur jaune)

Pour l'igname, épluchez-la puis faites-la bouillir jusqu'à ce qu'elle soit molle. Quant aux patates douces, faites-les cuire d'abord (à l'eau ou à la vapeur de préférence) puis épluchez-les. Réduisez la racine choisie en purée, à la moulinette ou à la fourchette, pour obtenir environ 3 tasses. Ajoutez la farine choisie diluée dans l'eau. Mélangez bien le tout ; si vous trouvez que la consistance est trop sèche, versez un peu plus d'eau. Vous pouvez saler votre pâte mais cela n'est pas nécessaire ; ajoutez plutôt des aromates : cumin, thym, herbes de Provence...

Prenez un moule à gâteau à charnière d'environ 30 cm de diamètre et tapissez-le de papier cuisson. Étalez-y la pâte puis faites cuire au four préalablement chauffé à température moyenne-haute pendant une trentaine de mn sur la grille du bas.

Pendant la cuisson, préparez la garniture :

- 1/2 tasse soit 125 ml de sauce tomate ou des tomates concassées
- 1/2 tasse de poivrons coupés en lanières ou en petits dés
- des tranches d'aubergine, de courgette, des petits pois ...
- du poulet émietté, des lamelles de magret de canard séchées
- du fromage râpé : emmental, mozzarella...

Une fois que vous avez sorti le moule du four, démoulez la pâte ; vous pouvez la garder sur le fond du moule. Garnissez-la avec la sauce tomate d'abord puis les légumes et enfin le fromage.
Remettez au four, toujours sur la grille du bas, à température moyenne-basse cette fois jusqu'à ce que le fromage soit doré.

Pâte au chou-fleur et au "fromage" végétal (recette p. 53) :

Le principe est le même mais avec du chou-fleur. Lavez un chou-fleur moyen, séparez les bouquets. Passez-les au robot afin d'obtenir une texture semblable à des grains de riz puis à travers une passoire fine ; pressez pour faire sortir l'eau. Ajoutez 1 ou 2 œufs à peine battus (ou leur substitut, voir p. 65) pour lier "la pâte" que vous parfumerez avec les aromates que vous désirez (voir recette précédente). Mettez au four à chaleur moyenne-haute pendant environ 20 mn.

Lorsque la "pâte" est cuite (dorée), sortez du four, recouvrez de "fromage", de tomates séchées, de feuilles de basilic ciselées, de graines de courge, d'algues séchées en paillettes, de levure maltée ou d'autres ingrédients de votre choix.

Vous pouvez aussi faire sauter des petits dés de potiron, de courgette, d'aubergine, des poireaux, des épinards, etc. Découpez et dégustez tout de suite.

*Brownies
à la patate douce*

focus

Brownies à la patate douce (sans œuf ni gluten)

9 parts

- 400 g de patate douce crue soit 2 tasses une fois cuite et réduite en purée
- 50 g soit 2/3 de tasse de poudre d'amande *
- 70 g soit 1/2 tasse de farine de riz complet *
- 30 g soit 4 à 6 cuillérées à soupe de poudre de cacao**
- 70 g soit 1/2 tasse d'huile de coco vierge ou de sésame vierge ou de beurre fondu
- 40 g soit 5 cuillérées à soupe rases de sucre roux ou de sirop d'agave ou d'érable
- 50 g soit 1/2 tasse de noix de Grenoble ou de pécan concassées grossièrement
- 2 cuillérées à café rases de levure pour gâteaux (sans gluten)
- 1 cuillérée à café d'extrait de vanille
- le jus d'1 citron ; 1 pincée de sel

Faites cuire les patates douces à la vapeur jusqu'à ce qu'elles soient bien molles. Épluchez-les, écrasez-les à la fourchette ou passez-les à la moulinette ou au robot. Ajoutez le sucre ou le sirop, l'extrait de vanille et le jus de citron.

Dans un autre saladier, mélangez la farine avec la poudre d'amande, le cacao, le sel et la levure puis incorporez-les à la purée de patate ainsi que l'huile (ou le beurre fondu) et les noix jusqu'à obtenir une pâte homogène, un peu collante.

Étalez la pâte à la main dans un moule huilé (ou tapissé de papier cuisson) de 33 cm x 22 cm ou de 20 cm x 20 cm si vous désirez des brownies plus épais.

Faites cuire au four préchauffé à chaleur assez forte pendant une quinzaine de mn ou jusquà ce que la pointe d'un couteau insérée dans le milieu ressorte sèche. Laissez refroidir complètement avant de les garnir ou de les découper.

vous pouvez remplacer la poudre d'amande et la farine de riz par 100 g (soit 1 et 1/2 tasse) de farine de uru (fruit de l'arbre à pain) ou de banane ou encore de pois chiches.

**pour un goût plus ou moins prononcé vous pouvez utiliser de la poudre de caroube extraite d'une grosse gousse et qui ne contient pas de substances "excitantes" (caféine, théobromine) ni de gluten.*

Ganache :

- 100 g de chocolat noir à 70% minimum en teneur en cacao
- 1 cuillérée à soupe rase de sucre roux ou de sirop d'agave ou d'érable
- 100 ml soit 1/3 de tasse + 1 cuillérée à soupe de crème végétale (coco, soja, riz, amande...)
- 4 cuillérées à soupe de noix de coco râpée (facultatif)

Dans une petite casserole, versez la crème et le sucre ; ajoutez le chocolat cassé en petits morceaux. Dès que celui-ci est fondu, éteignez, lissez bien le mélange puis étalez sur les brownies. Saupoudrez de coco râpé. Vous pourrez les garder au réfrigérateur quelques jours (s'il en reste !).

Tarte au citron meringuée sans gluten ni œuf ni produits laitiers

Pâte aux dattes et au coco râpé
(pâte sans cuisson)

Tarte au citron meringuée
(sans gluten, sans œuf, sans produits laitiers)

pour 1 moule de 30 cm de diamètre - 8 à 10 parts

Pour la pâte :

- 240 g soit 2 tasses pas trop remplies de farine de riz complet
- 60 g soit 4 cuillérées à soupe de purée d'amande ou de noix de cajou
- 2 cuillérées à soupe rases de sucre de canne blond + 1 pincée de sel
- le zeste d'1 citron râpé finement
- 60 ml soit 4 cuillérées à soupe d'huile vierge de tournesol ou d'olive ou de coco
- 95 ml soit 6 à 7 cuillérées à soupe d'eau tiède

Dans un saladier, mélangez les éléments secs. Ajoutez l'huile et la purée d'amande. Travaillez les ingrédients du bout des doigts afin d'obtenir un sable grossier. Versez juste assez d'eau pour former une boule de pâte souple et non collante. Étalez directement dans 1 moule huilé ou beurré. Piquez le fond à la fourchette. Mettez au four préalablement chauffé à température moyenne-haute pendant 15 à 20 mn ou jusqu'à ce que la pâte soit dorée. Laissez refroidir.

Et pour une pâte rapide et sans cuisson : (plus besoin de four pour réaliser 1 tarte au citron)

- 2 tasses soit 400 g de dattes hachées très finement
- 2 tasses soit 240 g d'amandes ou de noix ou de noisettes (hachées) ou de coco râpé

Mélangez les ingrédients ; étalez directement dans le moule.

Pour la garniture :

- 3 tasses soit 750 ml de lait de coco (ou d'amande, ou de soja - sans sucre)
- l'intérieur gratté d'1 bâton de vanille + 3/4 de tasse soit 150 g de sucre de canne blond
- 2 cuillérées à soupe de zeste de citron Bio râpé finement
- 2 cuillérées à soupe rases de fécule de maïs + 1 cuillérée à café d'agar agar
- 1/4 de cuillérée à café de curcuma en poudre (pour la couleur jaune vif)
- 3/4 de tasse soit 180 ml de jus de citron

Dans une casserole diluez la fécule de maïs, l'*agar agar*, le curcuma, le zeste de citron, le sucre ainsi que la vanille dans le lait de coco à l'aide d'un fouet ; portez à ébullition sans cesser de remuer jusqu'à ce que le mélange épaississe et commence à bouillir. Continuez encore 1 à 2 mn. Retirez du feu, incorporez le jus de citron. Rajoutez-en si vous le désirez ainsi que du sucre. Versez dans le fond de tarte.
Laissez figer à température ambiante puis au réfrigérateur.

Pour la meringue : (voir recette suivante : Pavlova pour l'*aquafaba*)

- 125 ml soit 1/2 tasse de jus de conservation d'1 boîte de pois chiches
- 125 g de sucre glace (aujourd'hui on en trouve à l'agave) ou de sucre blond

Au batteur, faites monter le jus de pois chiches pendant au moins 6 mn (cela prend + de temps qu'avec des blancs d'œufs). Ajoutez le sucre petit à petit. Garnissez le dessus de votre tarte à l'aide d'une poche à douille ou d'une simple cuillère. Passez la tarte sous le grill (ou au chalumeau) juste pour dorer la meringue (question d'esthétique) mais cela n'est pas indispensable car la meringue à l'*aquafaba* tient très bien et même 2 à 3 jours au réfrigérateur.

Pavlova aux fruits tropicaux

Pavlova aux fruits tropicaux (sans œuf ni produits laitiers)

`4 personnes`

Une pavlova est une meringue sur laquelle est étalée de la crème chantilly puis des fruits rouges en général. Nous allons élaborer celle-ci avec de l'*aquafaba**, de la chantilly de coco et des fruits jaunes (mais vous pouvez aussi ajouter des kiwis).

Pour la chantilly à la crème de coco :

<u>La veille,</u> versez le contenu d'1 tasse soit 250 ml de lait de coco dans un saladier transparent (afin de voir la couche de crème qui se formera) ; mettez au réfrigérateur. Si vous apercevez de l'eau au fond, faites 1 percée et évacuez-la.

Pour la meringue :

- l'eau de cuisson d'1 boîte de pois chiches de 400 g (gardez les pois chiches pour 1 autre recette) soit environ 180 ml (3/4 de tasse) - bien froide.
- 1 tasse soit 150 g de sucre (glace ou normal - plutôt fin)
- 2 cuillérées à café de fécule de maïs

Préchauffez le four à température très douce (entre 100 et 120°C selon votre four).
À l'aide d'1 batteur, fouettez vigoureusement l'eau de pois chiches pendant 6 à 8 mn (cela prend + de temps qu'avec des blancs d'œufs). Ajoutez la fécule puis le sucre petit à petit. La meringue doit être très ferme. Sur 1 feuille de cuisson, formez 1 ou 4 tas avec une poche à douille ou une simple cuillère.
Mettez au four sur la grille du milieu pendant 1 à 2 heures selon la taille (veillez à ce que la meringue ne brûle pas). Laissez refroidir dans le four jusqu'au lendemain. Juste avant de servir, fouettez la crème de coco. Elle doit être très froide. Fouettez-la comme pour la chantilly puis étalez sur la ou les meringues.
Coupez des fruits de votre choix : mangues, papayes, ananas, fruits de la passion, kiwis… Disposez-les sur la crème ; servez sans attendre.

* *aquafaba* (en italien : eau de légumineuse). Lorsque vous ouvrez une boîte de pois chiches (Bio de préférence car les autres contiennent beaucoup de sodium ainsi que des conservateurs), récupérez l'eau qui servira à élaborer votre meringue.

Pâte à crêpes sucrée au lait de coco

`4 personnes`

- 200 g soit 1 et 1/2 tasse de farine de riz complet ou semi-complet
- 400 ml de lait de coco + 100 ml d'eau soit 2 tasses en tout
- 1 cuillérée à soupe de fécule de manioc
- 2 cuillérées à soupe de sucre roux + 1 cuillérée à café d'extrait naturel de vanille.

Mélangez tous les ingrédients sauf l'eau que vous ajouterez si vous trouvez que la pâte est trop épaisse. Néanmoins, elle ne doit pas être trop liquide non plus.
Cette pâte n'a pas besoin de repos. Voyez p. 55 pour les instructions concernant la cuisson. Garnissez de miel ou de confiture (sans sucre ajouté de préférence), etc.

Carrés pâtissiers au potiron

Carrés pâtissiers au potiron
(sans gluten, ni œuf, ni produits laitiers)

6 personnes

- 1 tasse soit 200 ml de purée de potiron*
- 1/2 tasse soit 100 ml de purée d'amande ou de noix de cajou (en bocal)**
- 1/3 de tasse soit 85 ml de sirop d'érable ou de sucre roux
- 2 œufs (ou leur substitut)***
- 1 cuillérée à café d'extrait naturel de vanille ou d'épices mélangées****
- 1/2 cuillérée à café de bicarbonate de soude
- 1 pincée de sel

Préchauffez le four à température moyenne.
Mélangez intimement tous les ingrédients. Versez dans un plat à four d'environ 20 cm x 20 cm x 4 cm beurré (ou huilé) et fariné. Faites cuire pendant une vingtaine de mn ou jusqu'à ce que le centre soit ferme (testez avec la pointe d'un couteau qui doit ressortir nette).

* Pour obtenir de la purée de potiron, coupez le potiron en très gros morceaux ; à l'aide d'une cuillère, grattez les graines. Mettez la chair à cuire (avec la peau) de préférence à la vapeur. Une fois ramollie, séparez-la de la peau avec une cuillère puis écrasez à la fourchette ou au presse-purée.

** en vente en magasin Bio et dans certaines grandes surfaces

*** Pour remplacer les œufs :
vous avez plusieurs alternatives ; **1 œuf =**
- 1 cuillérée à soupe de graines de chia moulues + 1/3 de tasse soit 85 ml d'eau
- ou 1 cuillérée à soupe de graines de lin moulues finement + 3 cuillérées à soupe d'eau.
  Mixez bien l'eau avec l'ingrédient choisi (lin ou chia) puis laissez reposer une quinzaine de mn jusqu'à consistance gélatineuse.
- ou bien 1 cuillérée à café d'agar agar + 1 cuillérée à soupe d'eau chaude
- ou bien 3 cuillérées à soupe d'*aquafaba* (voir p. 63)

****épices mélangées : ● 1 cuillérée à café de cannelle en poudre + 1/2 de gingembre en poudre + 1/4 de noix de muscade + 1/4 de clous de girofle ; ce qui vous donne en tout 2 cuillérées à café d'épices. Vous pouvez garder la moitié pour 1 autre recette.

Crème pour le dessus :

pour 1 tasse soit 250 ml

- 3/4 de tasse soit 80 g de noix de pécan ou de noisettes
- 1/4 de tasse soit 65 ml de sirop d'érable
- 1/4 de tasse soit 65 ml d'eau
- 2 cuillérées à soupe d'huile de coco vierge
- 1 cuillérée à café d'extrait naturel de vanille

Mixez le tout à grande vitesse. Mettez au frais un moment si c'est trop liquide avant de l'étaler sur les carrés.

Icebergs en vue ou îles flottantes (sans œuf ni produits laitiers)

Pain d'épices à la patate douce

Icebergs en vue ou îles flottantes (sans œuf ni produits laitiers)

4 personnes

Pour la crème :

- 500 ml soit 2 tasses de lait d'amande intense ou autre lait végétal
- 3 cuillérées à soupe rases de purée d'amande (ou de noix de cajou en bocal)
- l'intérieur gratté d'1/2 gousse de vanille
- 1 à 2 pincées de curcuma en poudre (pour la couleur)

Dans 1 casserole, délayez la purée d'amande dans le lait avec la vanille et le curcuma. Portez à ébullition puis réduisez à chaleur très douce. Laissez cuire 1 dizaine de mn en remuant souvent. Une fois la crème épaissie, éteignez, transvasez dans 1 saladier ; laissez refroidir puis gardez au réfrigérateur jusqu'à utilisation.

Pour la meringue :

Il vous faudra 3 cuillérées à soupe d'aquafaba (voir p. 63) et la même quantité de sucre. Veuillez consulter la recette de la tarte au citron (p. 61) pour monter votre meringue. Celle-ci tient mieux que celle aux œufs et n'a pas besoin d'être pochée. Néanmoins, maintenez-la réfrigérée.
Servez la crème froide dans des coupelles, surmontée de meringue et d'un peu de gelée de goyave pour la couleur. Dégustez sans attendre sinon mettez au réfrigérateur.

Pain d'épices à la patate douce (sans gluten)

1 cake

- 2 à 3 patates douces (selon la taille) soit 1 et 1/2 tasse une fois en purée
- 2 gros œufs ou leur substitut (voir p. 65)
- 1/2 tasse soit 100 g de beurre fondu ou d'huile d'olive vierge ou de sésame vierge
- 2 tasses soit 500 ml de lait d'amande ou de soja non sucré
- 2 tasses soit 250 g de farine de pois chiches ou de riz complet ou de *uru* (fruit de l'arbre à pain)
- 1 tasse soit 180 g de sucre roux (foncé ou du sucanat)
- 3 cuillérées à café de levure pour gâteaux (sans gluten)
- 1 cuillérée à café rase de bicarbonate de soude
- 1 cuillérée à café d'extrait naturel de vanille
- 2 cuillérées à café de cannelle + 1 de gingembre en poudre + 1/2 de noix de muscade + 1/2 de 4 épices + 1/4 de clou de girofle (en poudre) + 1 pincée de sel

Faites cuire les patates douces de préférence à la vapeur ; vous les éplucherez une fois cuites puis réduisez-les en purée à l'aide d'une fourchette ou d'une moulinette. Préchauffez le four à température moyenne.
Battez les œufs puis ajoutez-y le sucre et continuez à fouetter jusqu'à ce que celui-ci soit dissout. Versez le lait, puis le beurre (ou l'huile) et la vanille. Mettez-y la purée de patate douce et mélangez bien.
Dans un grand saladier, tamisez la farine avec les épices, le sel, la levure et le bicarbonate. À l'aide d'un fouet, incorporez petit à petit le mélange précédent en raclant bien le fond afin que tous les ingrédients soient intimement liés. Transvasez dans un moule à cake ou à savarin beurré et fariné ; mettez au four pendant 45 mn ou jusqu'à ce que la pointe d'un couteau ressorte nette. Renversez sur le plat de service. Attendez qu'il soit refroidi pour le découper.

Cake à la banane et au coco

Potiron et courge butternut

Cake ou muffins à la banane et au coco (sans gluten ni œuf ni produits laitiers)

1 cake

- 3 bananes moyennes bien mûres (environ 300 g)
- 1/2 tasse de lait végétal (soja, amande...)
- 1 cuillérée à café de vinaigre de cidre
- 1/2 tasse soit 125 ml d'huile vierge (coco, olive, sésame...)
- 3/4 de tasse soit 150 g de sucre roux
- 1 cuillérée à soupe d'extrait naturel de vanille
- le zeste de 2 citrons râpé finement
- 1 et 1/2 tasse soit 180 g de farine*
- 2 cuillérées à café rases de levure pour gâteaux (sans gluten)
- 1/2 cuillérée à café de bicarbonate de soude
- 1/2 tasse soit 50 g de coco râpé (ou de noix concassées)

Commencez par verser le vinaigre dans le lait qui va cailler, c'est normal.
Tamisez la farine avec la levure et le bicarbonate.

Dans le bol du mixeur, versez l'huile, ajoutez les bananes coupées en grosses rondelles, la vanille, les zestes de citron et le sucre. Faites tourner le moteur jusqu'à obtenir un mélange crémeux. Incorporez alors le lait + vinaigre, mélangez bien puis versez dans un saladier. Il se peut que le mélange ait une consistance de pudding. (Vous pouvez le déguster à ce stade dans des coupelles si vous le désirez). Transvasez dans un saladier. Ajoutez petit à petit le coco râpé à l'aide d'un fouet, puis la farine.
Versez le mélange soit dans un moule à cake ou à savarin beurré (ou huilé) et fariné, soit dans des caissettes à muffins. Metttez au four (préchauffé 10 mn à l'avance à température moyenne-haute) pendant environ 15 mn pour les muffins (tout dépend de la taille) ou 40 mn pour un cake. Enfoncez la pointe d'un couteau qui doit ressortir sèche. Démoulez sur une grille à l'envers puis retournez sur le plat de service.

*vous pouvez utiliser la farine de votre choix : avec ou sans gluten, blé, petit épeautre complète, pois chiches, uru (fruit de l'arbre à pain), banane, etc.

Livres du même auteur

A lire absolument !

Les Recettes de Maeva - côté salé

Plus de deux cents recettes internationales : tahitiennes, françaises, colombiennes et d'ailleurs avec des ingrédients à portée de main à Tahiti, en France, aux États-Unis, etc. faciles à faire et délicieuses (entrées - soupes - poissons - légumes - chutneys...), illustrées par de magnifiques photos.

Les Recettes de Maeva - côté sucré

Encore plus de deux cents recettes, cette fois-ci avec des fruits de Tahiti et d'ailleurs, des crèmes, des tartes, des *cheesecakes*, des gâteaux et des biscuits comme autrefois, comme on en fait toujours en Polynésie, le tout illustré de superbes photos.

...et j'ai cueilli des orchidées

Premier livre de Maeva Shelton. C'est le récit authentique de l'enlèvement dont elle a été victime en 1996 par un groupe de guérilléros appartenant au ELN (*Ejercito de Liberacion Nacional*) au même titre que les F.A.R.C., en Colombie où elle a vécu 22 ans.

Carnet d'adresses : photos de fleurs du jardin de Maeva où elle cultive des plantes tropicales

Orchidées, hibiscus, frangipaniers, anthuriums, bougainvilliers au milieu desquels vous pourrez glisser les nom, adresse et numéros de téléphone de vos contacts. À garder près du téléphone fixe (au cas où vous perdriez votre portable).

Ma santé avant tout de Maeva SHELTON

Tout ce que vous devez savoir au sujet de votre santé ; ce qu'"on" nous cache... (le sucre, les huiles, les farines raffinées, l'aspartame, le mercure, les vaccins et bien d'autres sujets). La santé est un tout. Première partie : le corps physique ; deuxième partie : le corps émotionnel et mental ; troisième partie : le côté spirituel. Véritable guide à avoir chez soi et à consulter fréquemment.

les Recettes de Maeva Shelton

Les Recettes de Maeva - Cahier n°1 - Vanille de Tahiti

Ce "petit cahier" est le premier d'une série à thème. Vous y trouverez la recette incontournable du poisson sauce vanille, des recettes de gâteaux traditionnels (au beurre, crème coco), ainsi que des recettes nouvelles (laits végétaux) pour les personnes allergiques aux produits laitiers, gluten, œufs... sous un format pratique et économique.

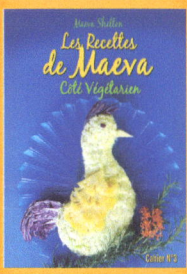

Les Recettes de Maeva - Cahier n°2 - Les produits du *fenua*

Ce deuxième "petit cahier" offre des recettes d'ici et surtout d'ailleurs avec des produits locaux : tubercules, racines, fruit à pain... qui ont constitué la base de l'alimentation des Polynésiens d'autrefois. Certains de ces produits ont été importés par ces derniers lors de leurs migrations, d'autres par les navigateurs venus d'Asie et d'Amérique tropicale. Nouvelles saveurs qui peuvent aussi être réalisées avec de la pomme de terre, des épinards, etc.

Les Recettes de Maeva - Cahier n°3 - Côté Végétarien

Dans ce troisième "petit cahier", Maeva nous fait découvrir des recettes végétariennes asiatiques, mexicaines, marocaines, indiennes... tout aussi savoureuses que bonnes pour la santé. Si vous n'êtes pas végétarien, vous pouvez toujours ajouter du poulet, des crevettes, etc. Quelques douceurs viendront vous surprendre par l'association de certains ingrédients qui permettent ainsi d'éviter les œufs, le gluten et les produits laitiers sans pour autant manquer de protéines ni de calcium.

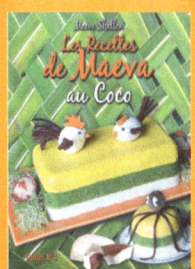

Les Recettes de Maeva - Cahier n°4 - Côté Coco

Dans ce quatrième "petit cahier", vous trouverez des recettes élaborées avec du lait de coco, du coco râpé, de la farine de coco, de l'huile de coco vierge, du sucre de coco et même des germes de coco (*uto*) qui se forment à l'intérieur de la noix. Des recettes salées puisées en Polynésie, en Inde, en Thaïlande... et des recettes sucrées (les délicieux bonbons au coco déclinés en 6 saveurs...) ; des recettes très simples, des recettes gourmandes !

Les Recettes de Maeva - Cahier n°5 - Fruits exotiques

Dans ce "petit cahier" n° 5, vous verrez qu'on peut faire d'excellents desserts avec les fruits tropicaux : bavarois à la goyave ou au fruit de la passion (avec de la crème "chantilly" au coco), des brownies à l'avocat (qui est un fruit) mais aussi des salades salées, des chutneys à la pomme cythère ou au tamarin, et d'autres plats tels que le poisson aux kumquats ou le canard à l'ananas. Vous découvrirez peut-être de nouveaux ingrédients comme les graines de chia ainsi que les qualités insoupçonnées de la pomme cythère, du mangoustan, du kumquat, de la pitaya (ou fruit du dragon), etc.

Les Recettes de Maeva - Cahier n°6 - Au poisson et Fruits de mer

Voici des recettes d'ici et d'ailleurs avec des poissons du lagon, du large, des petits, des gros, que vous pourrez remplacer par d'autres espèces selon où vous vous trouvez. Les fruits de mer sont aussi présents : "chevrettes" locales ou bien crevettes, noix de St Jacques... Le gingembre et le curcuma, excellents pour la santé, viennent remplacer le beurre et la crème fraîche. Toujours dans l'esprit de se régaler tout en mangeant sainement.

Distribution internationale
'Api Tahiti éditions
contact@apitahiti.com

Mise en page Carole Tinel - Photos Maeva Shelton.
ISBN 978-2-9537812-9-8 / EAN 9782953781298

Dépôt légal : 4eme trimestre 2017.
©maevashelton - tous droits de reproduction et de traduction réservés pour tous pays.

www.ingramcontent.com/pod-product-compliance
Lightning Source LLC
Chambersburg PA
CBHW042006100426
42738CB00037B/21